Ausmalen und gestalten ™

Malbuch mit geometrischen Formen und Mustern Vol. 2

© 2016 - AZ Media LLC

Ausmalen und gestalten™ ist ein Markenzeichen der AZ Media LLC (USA)

ISBN-13: 978-1726475464
ISBN-10: 1726475468

Die Muster in diesem Buch sind für den persönlichen Gebrauch des Lesers vorgesehen und dürfen, außer um die Ausmalungen des Nutzers zu präsentieren, nicht reproduziert werden. Jegliche andere Nutzung, besonders die kommerzielle Nutzung, ist ohne schriftliche Erlaubnis des Urheberrechtsinhabers gesetzlich verboten.

All Rights reserved.

Testseite für Ihre Stifte

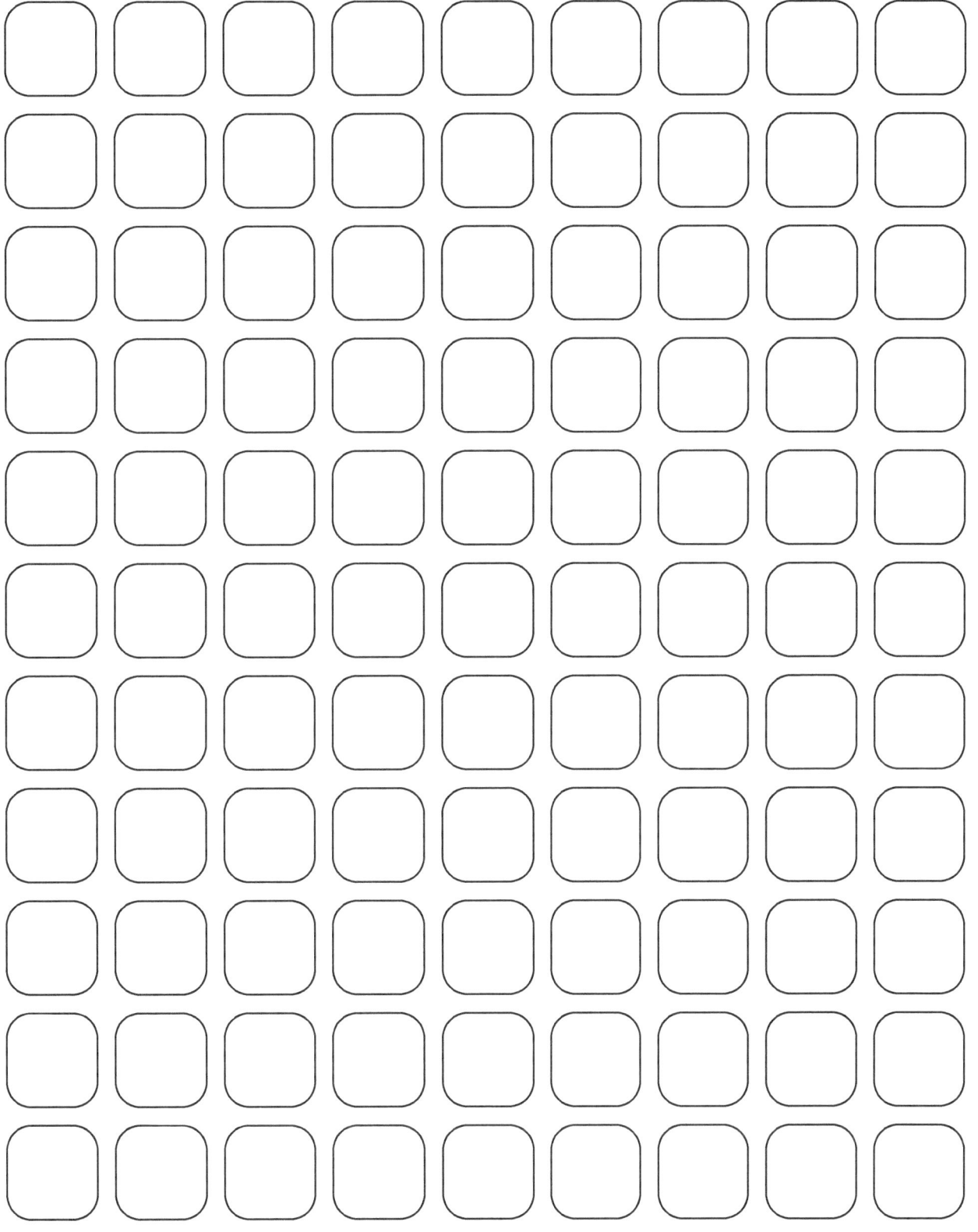

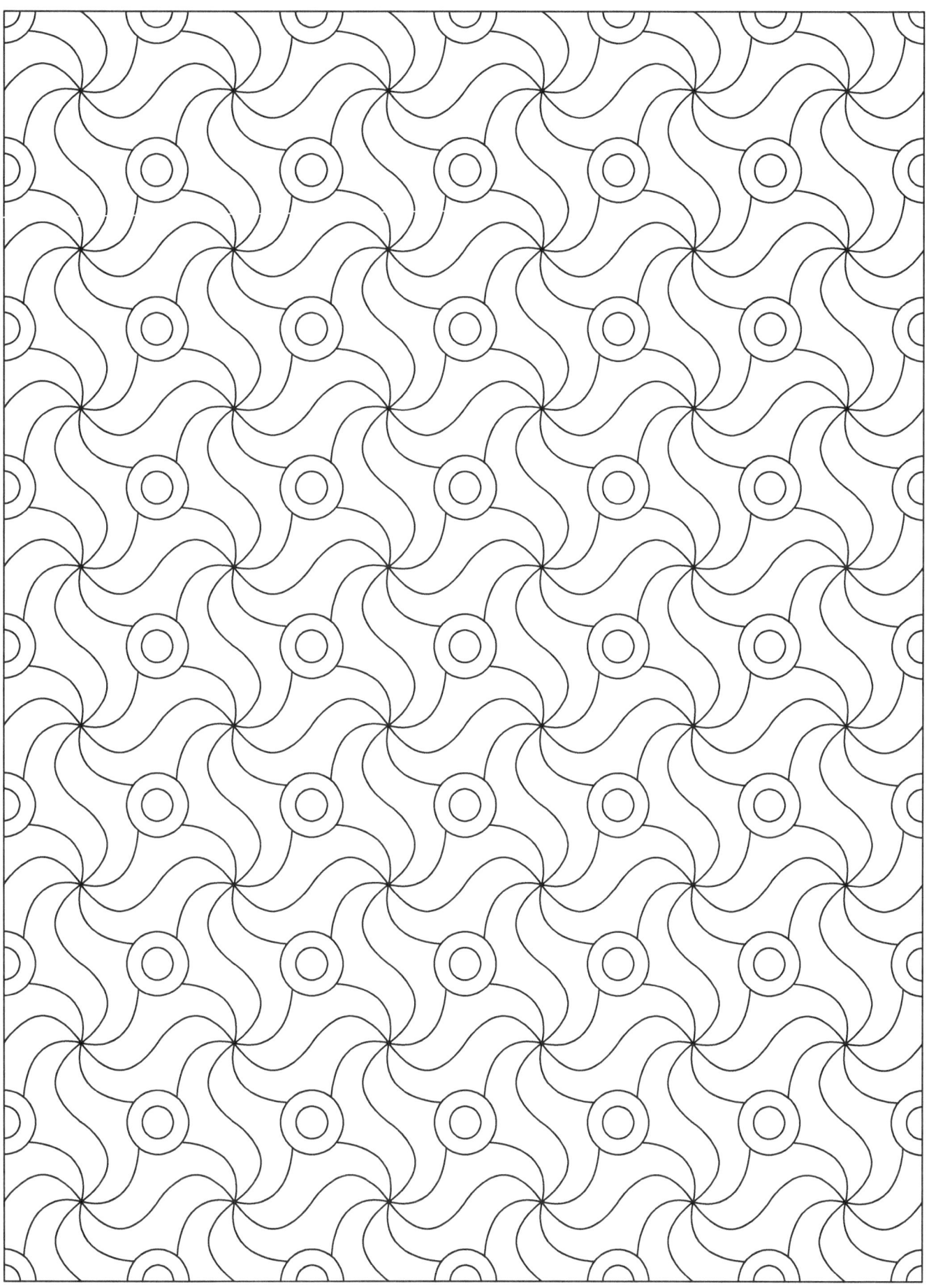

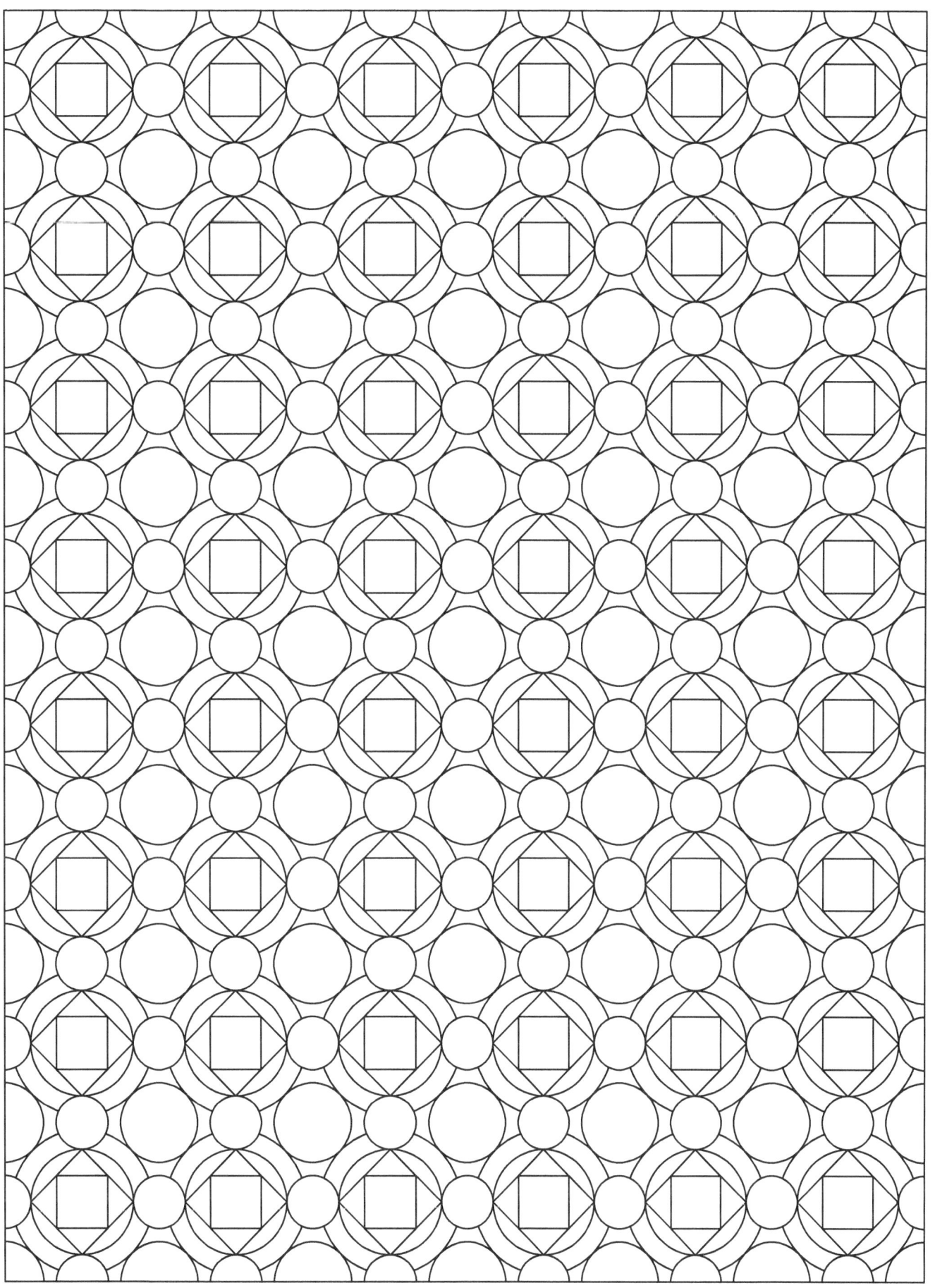

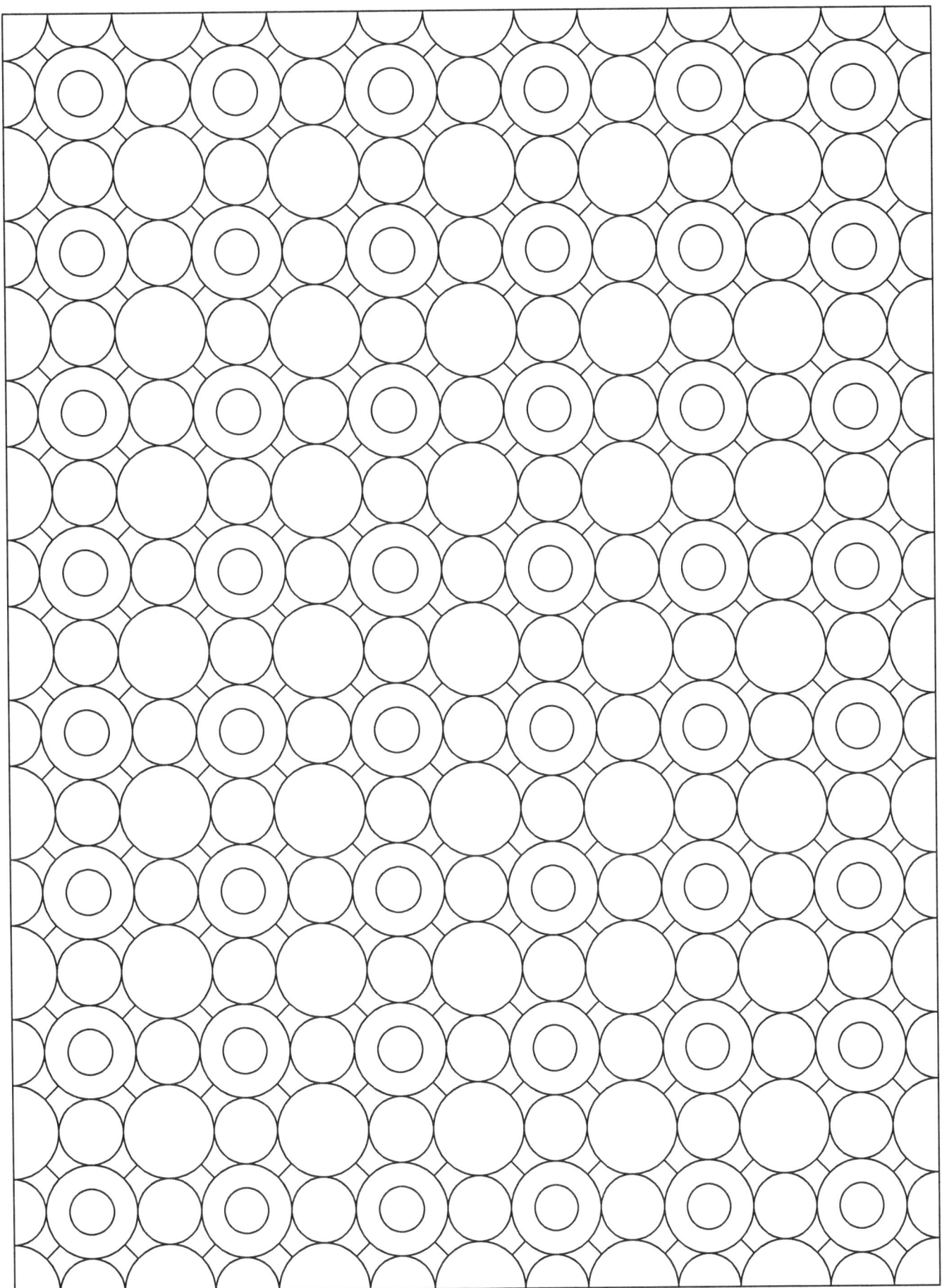

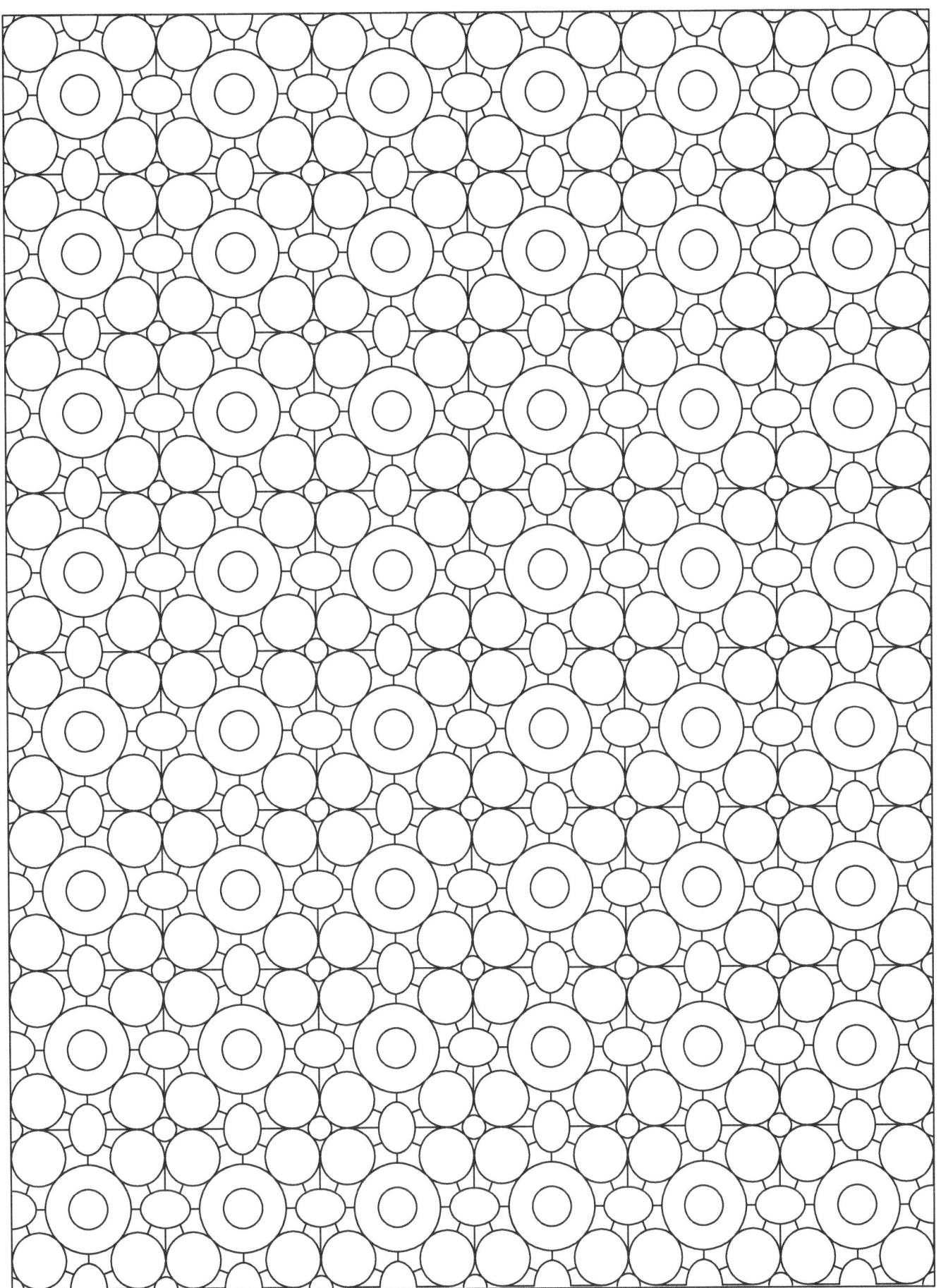

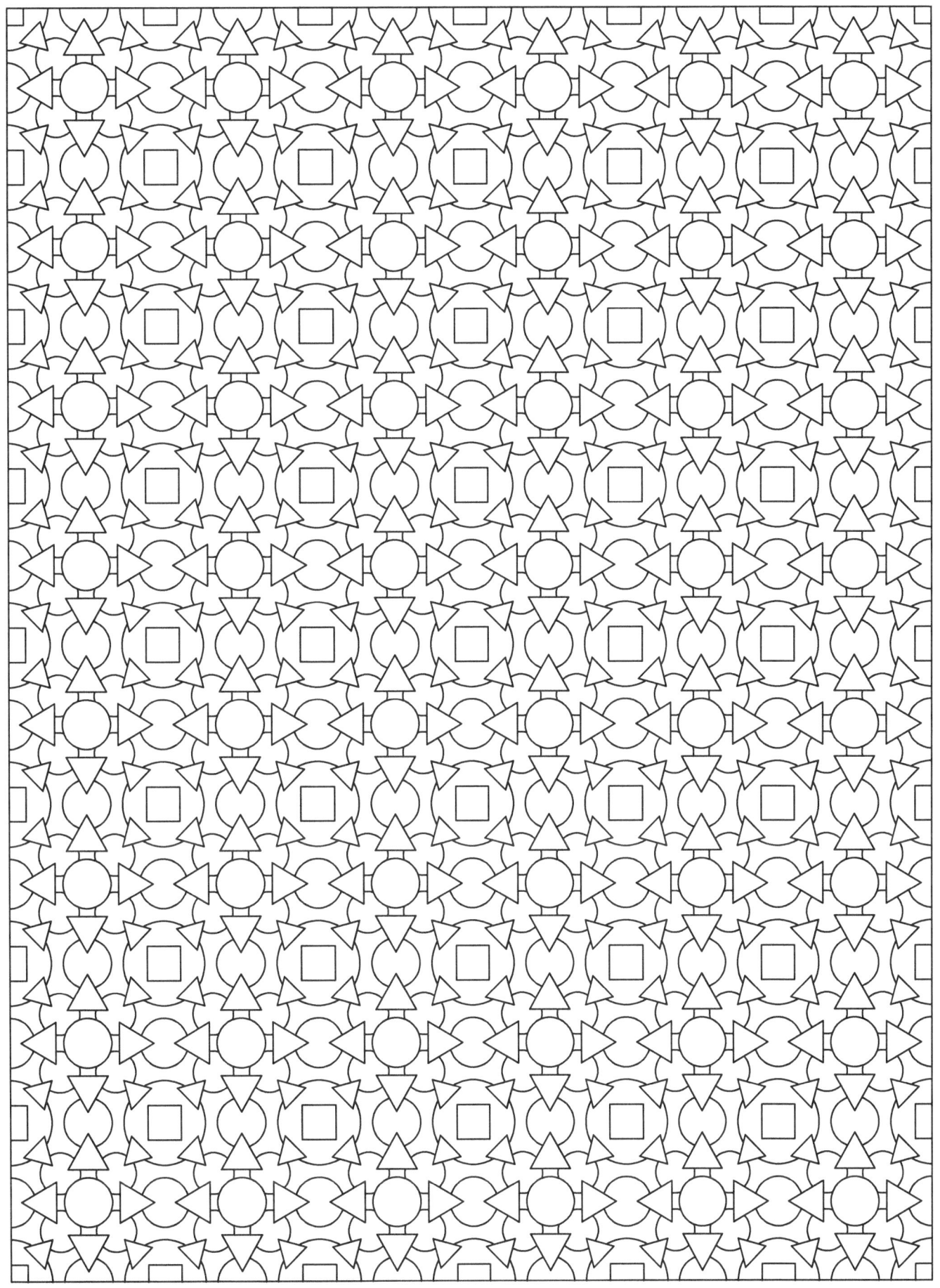

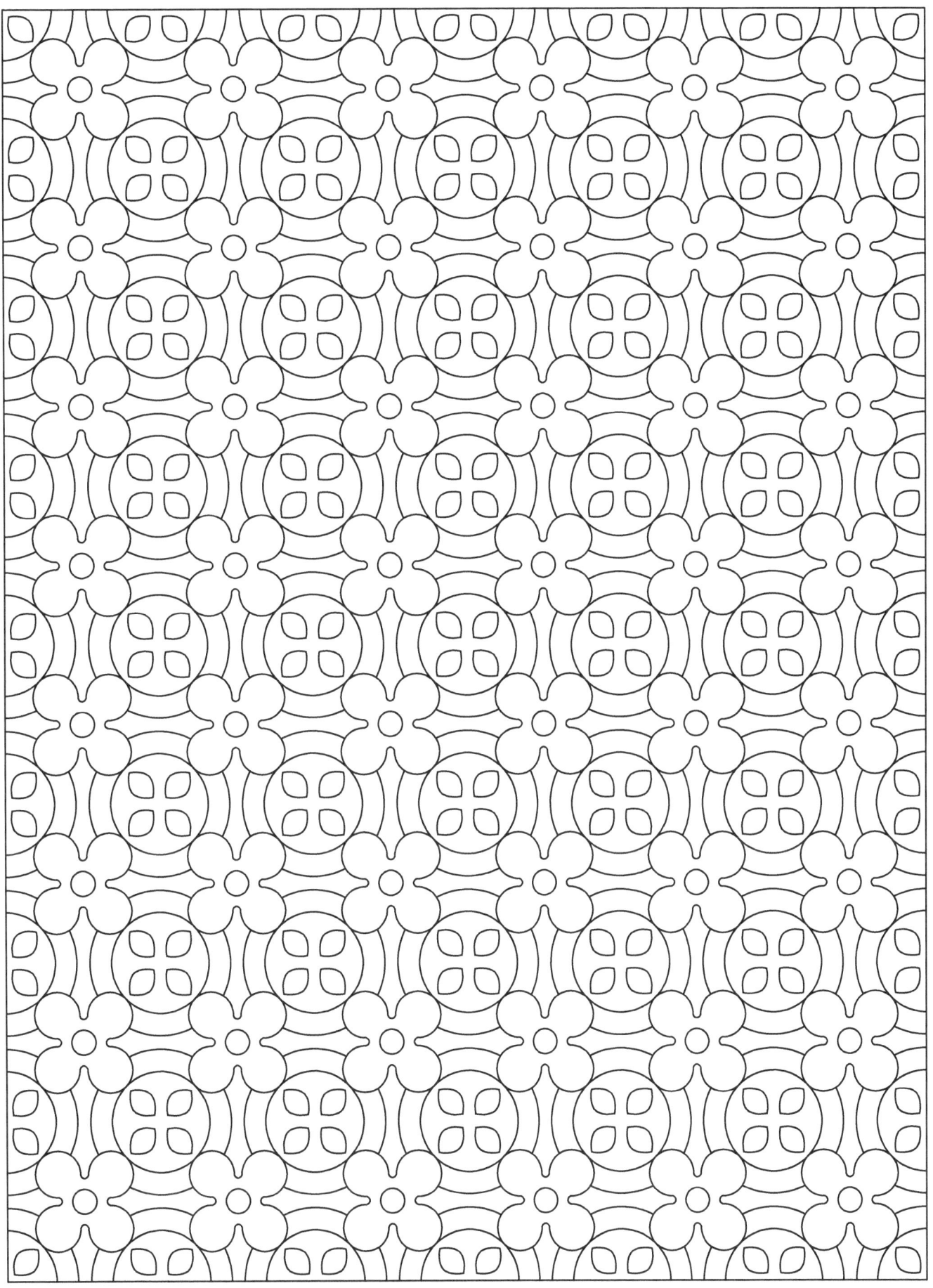

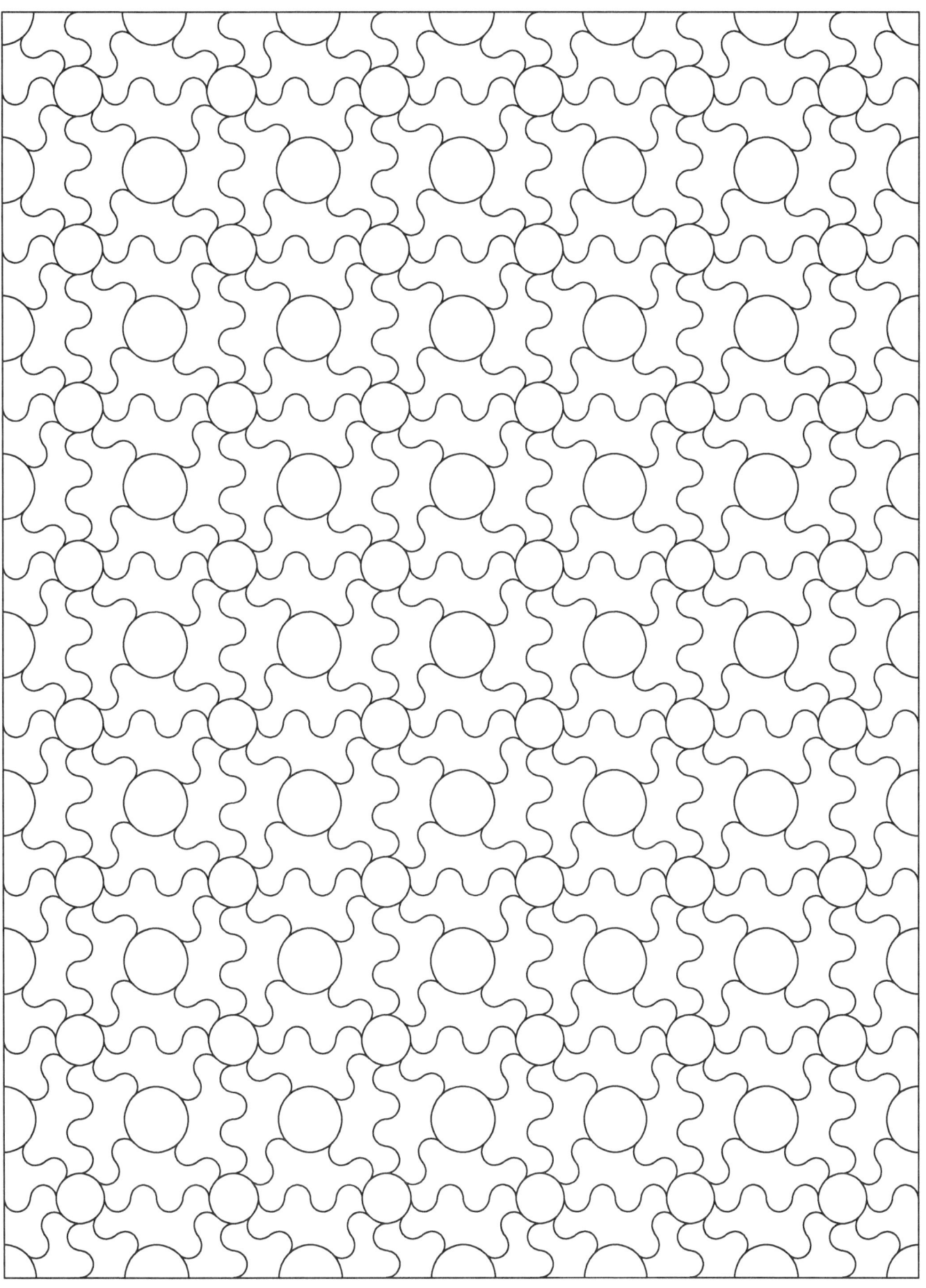

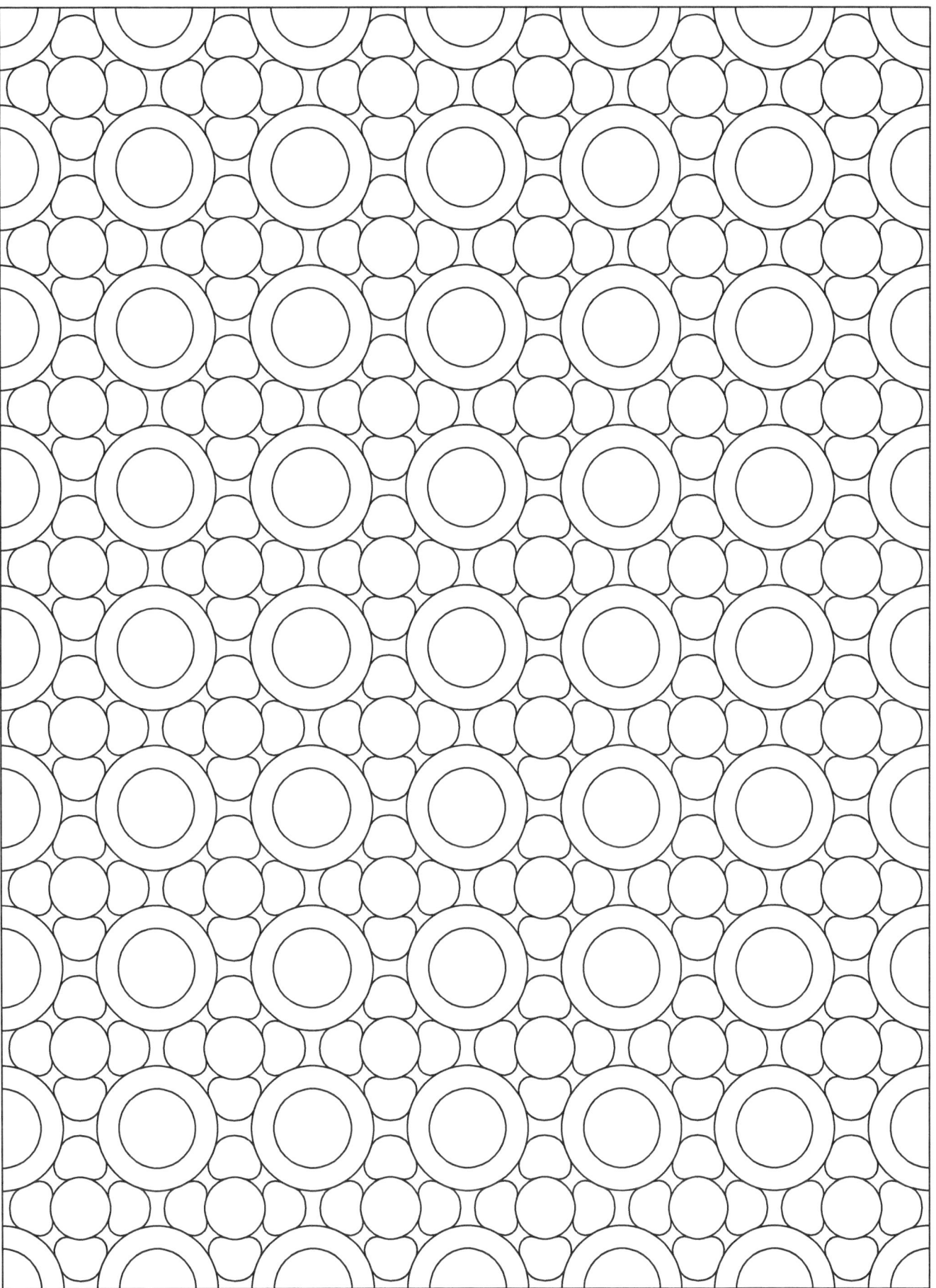

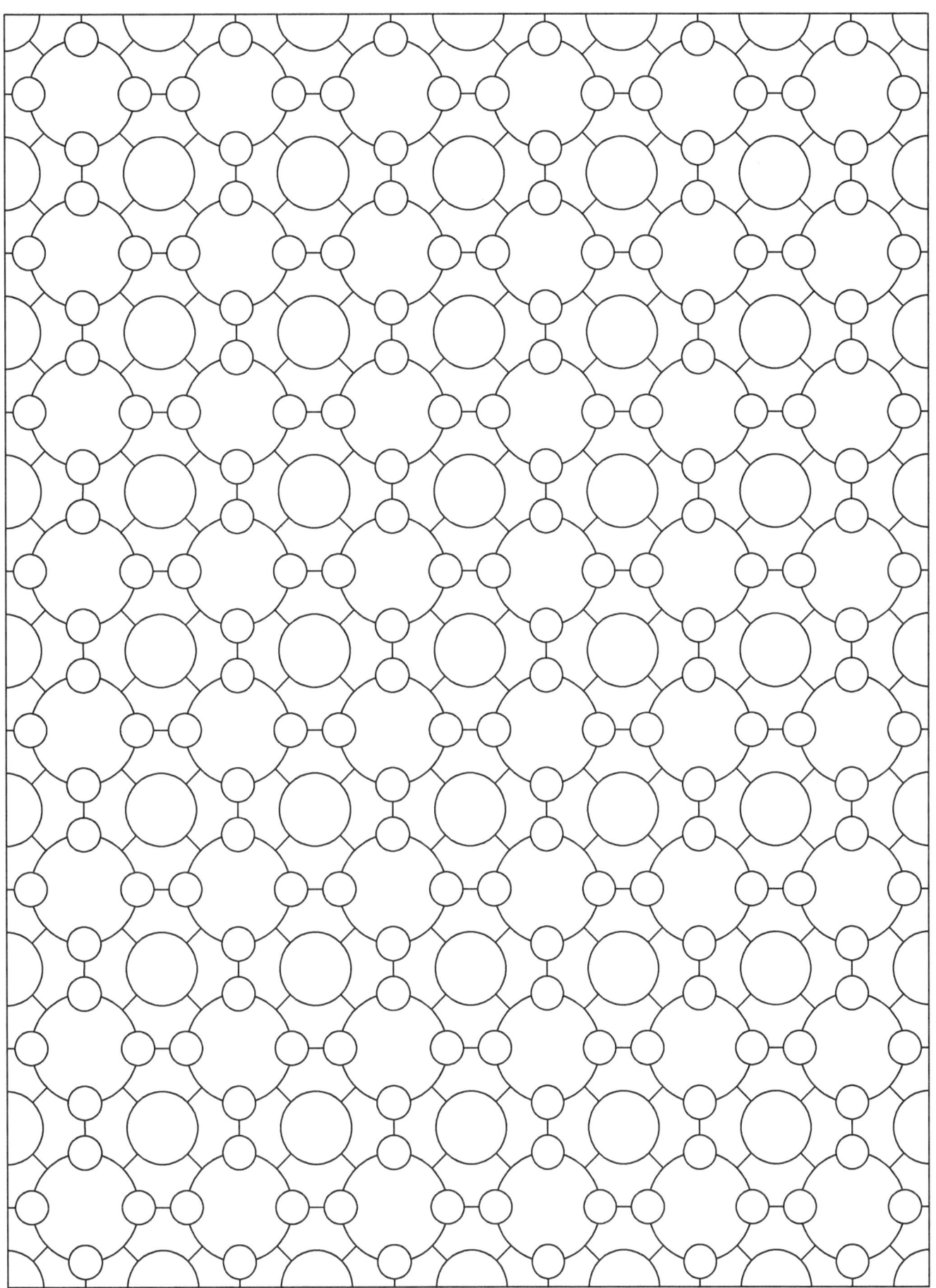

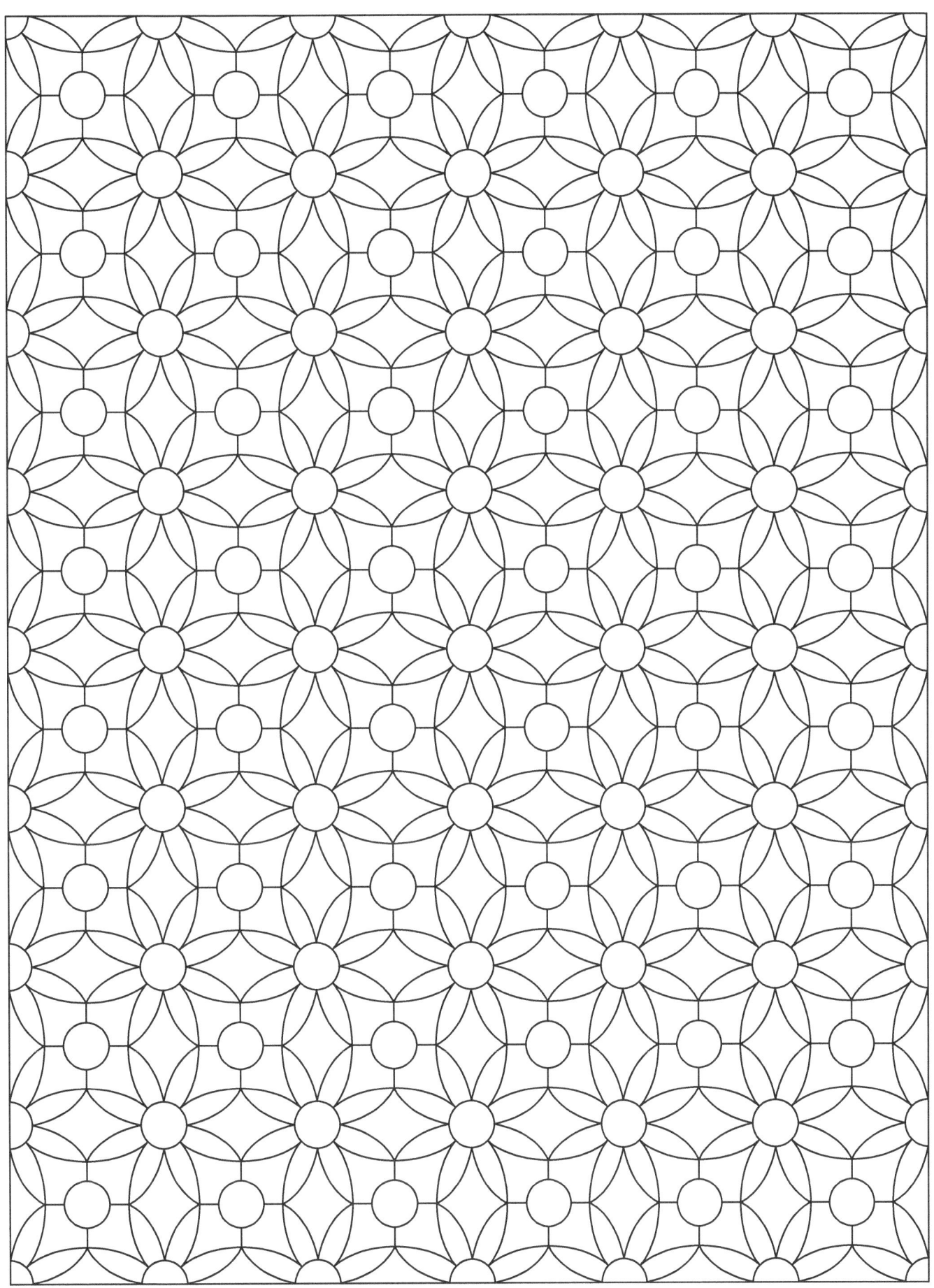

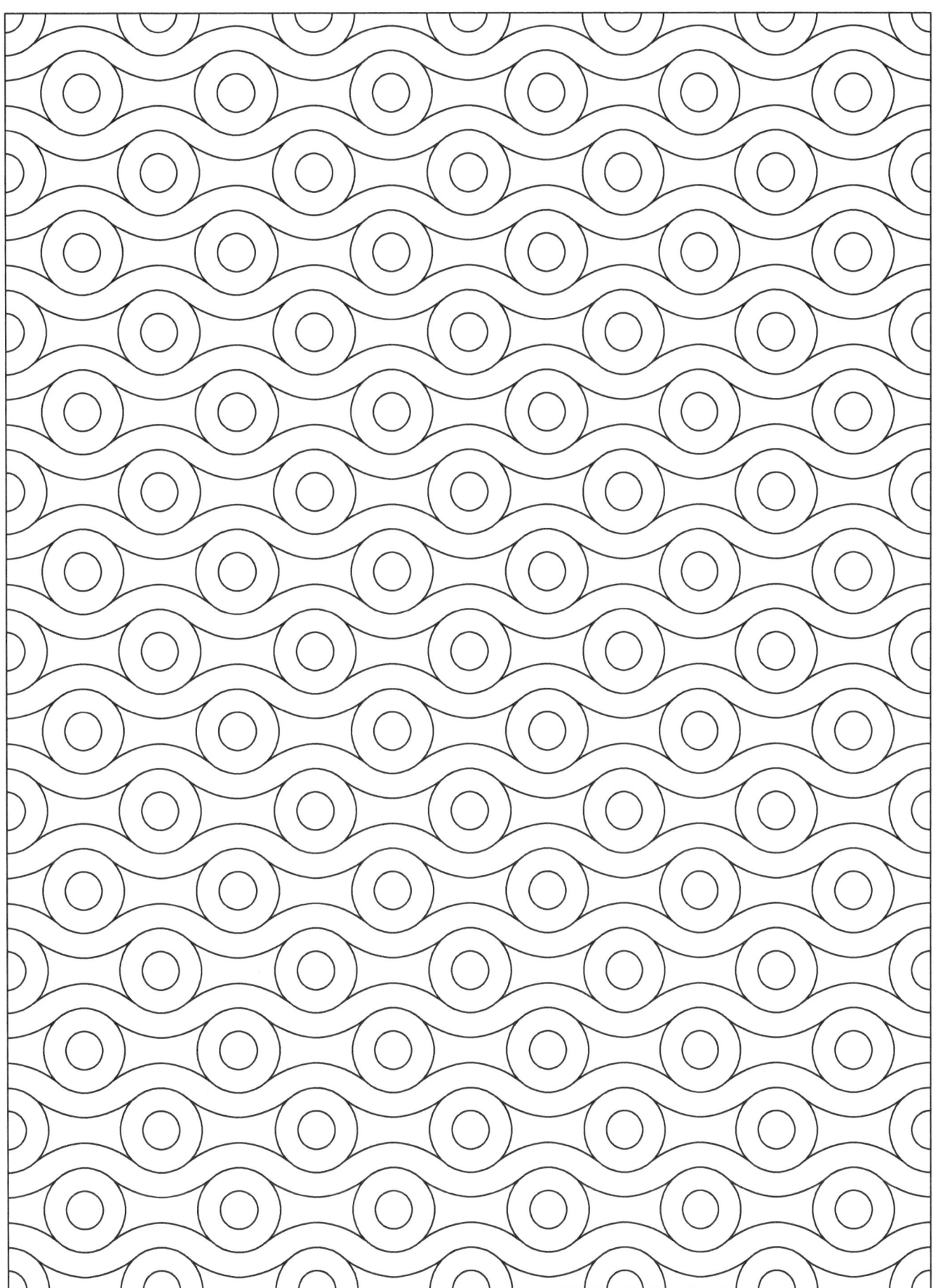

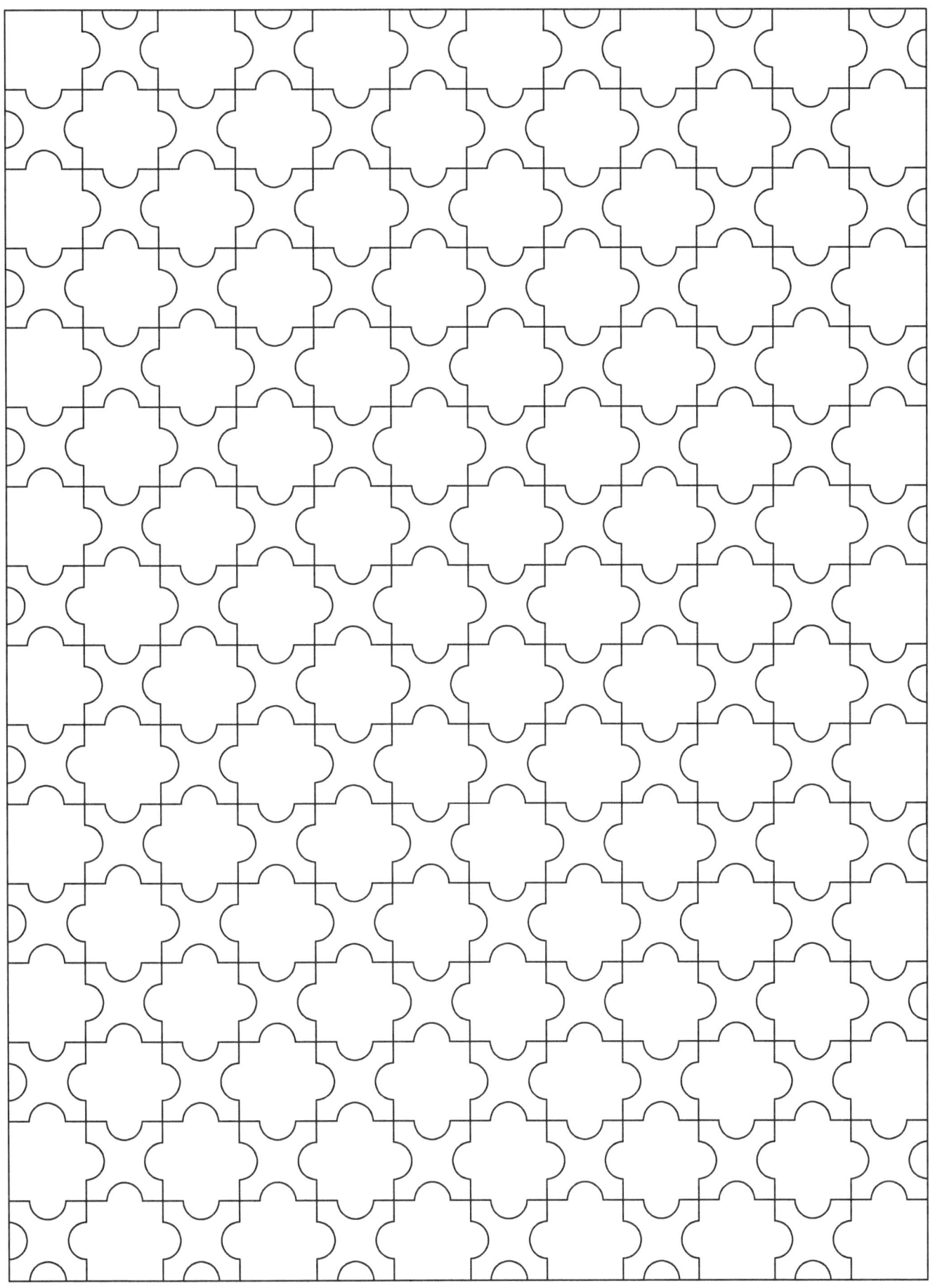

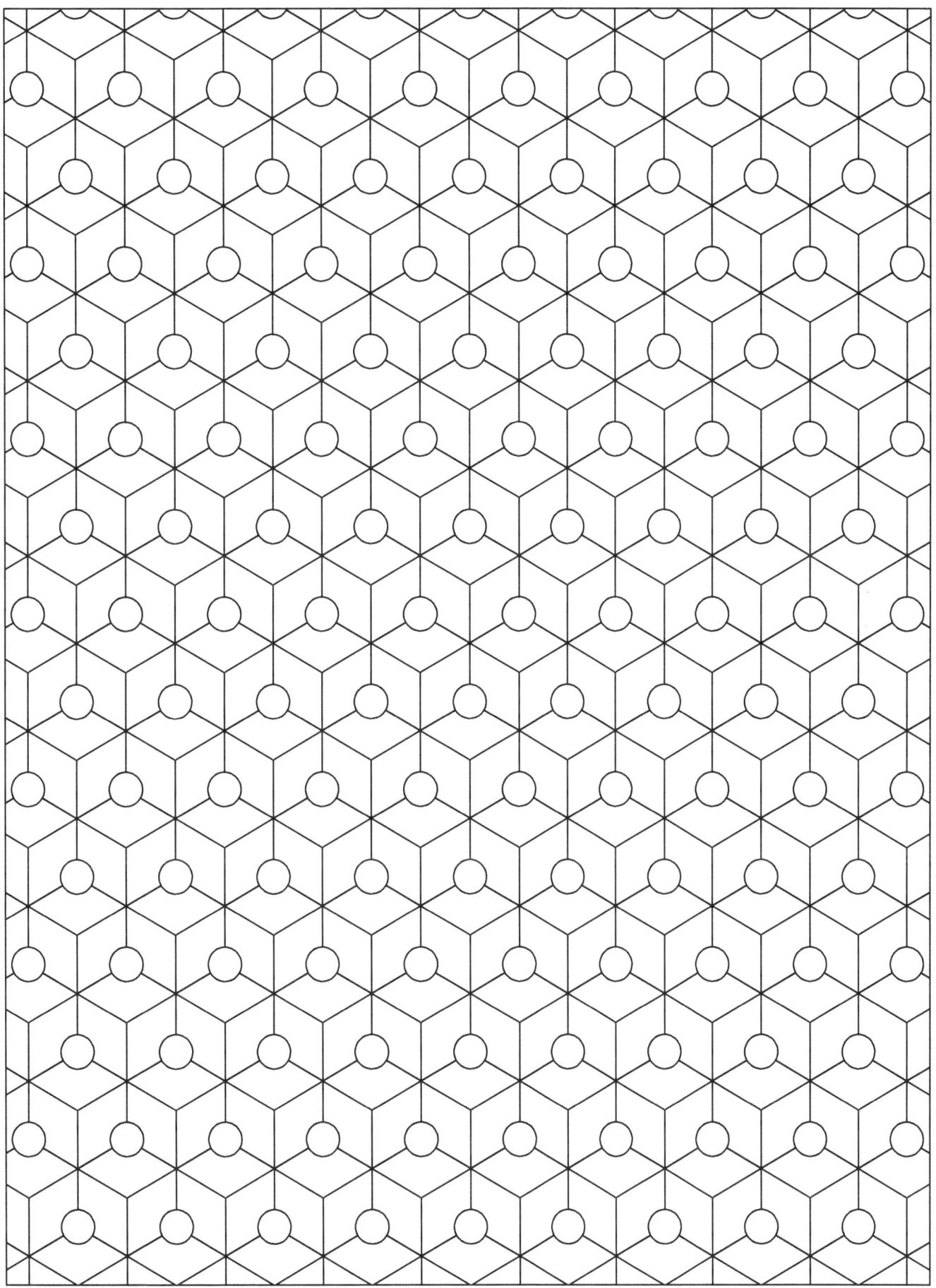

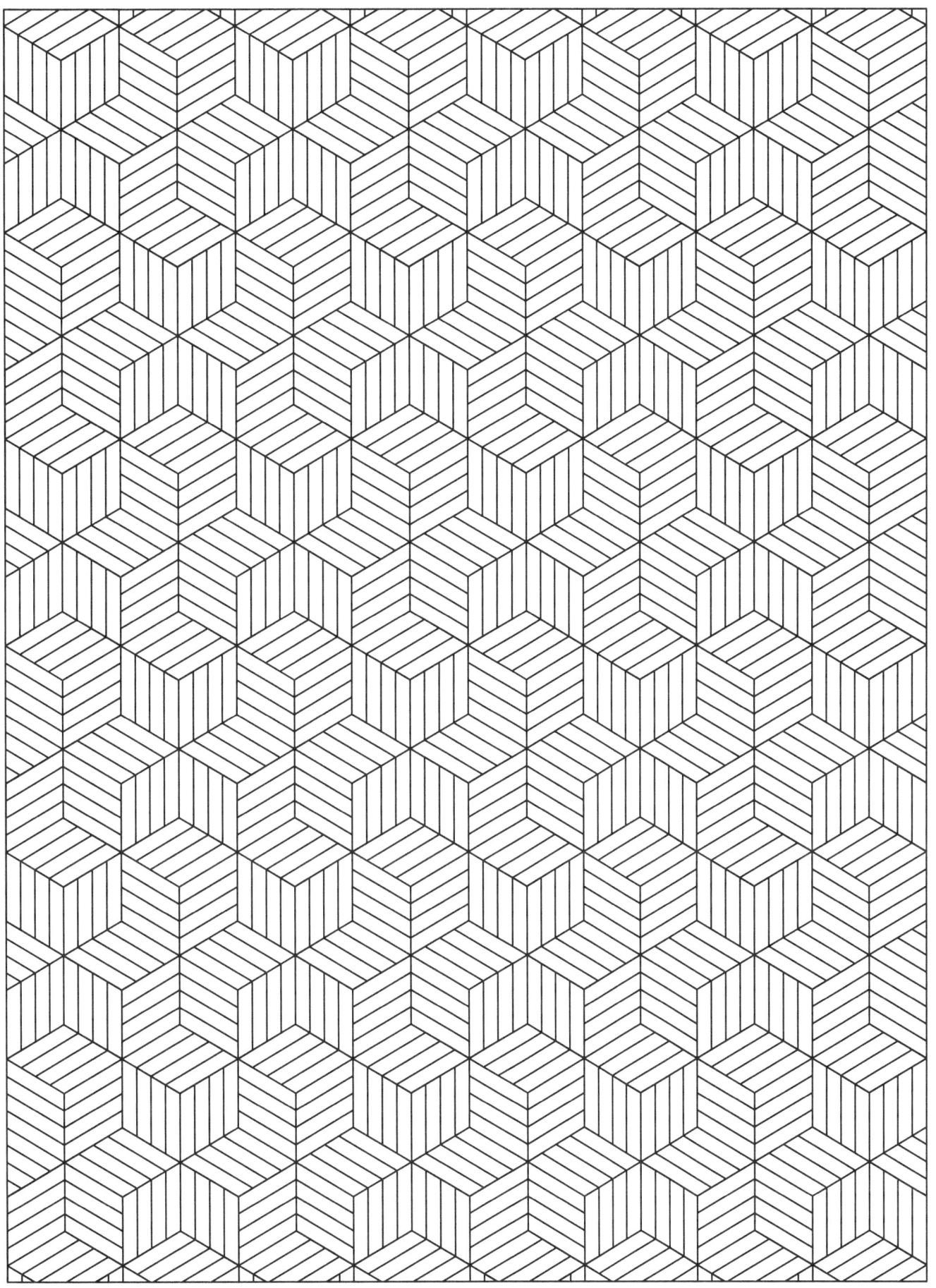

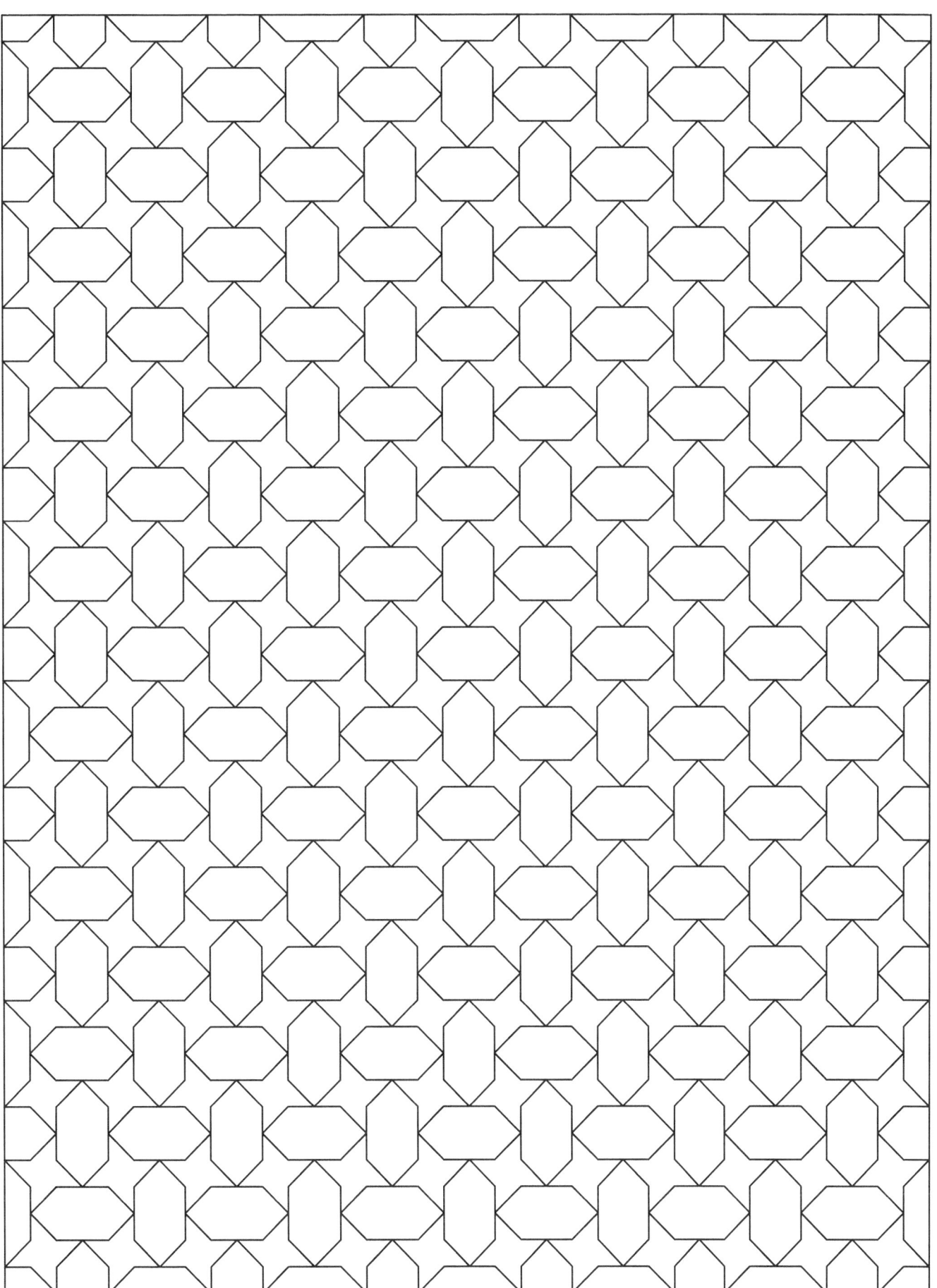

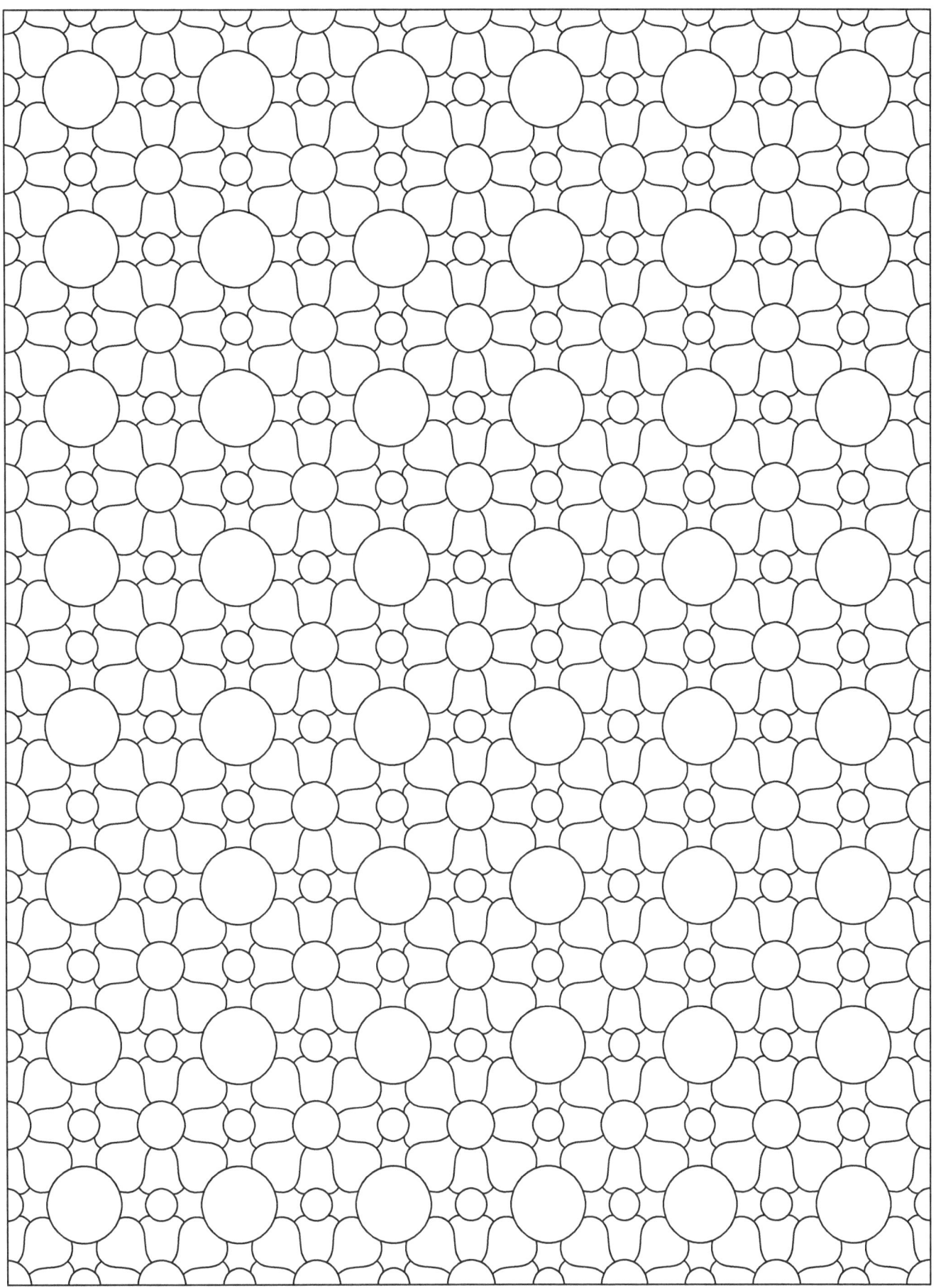

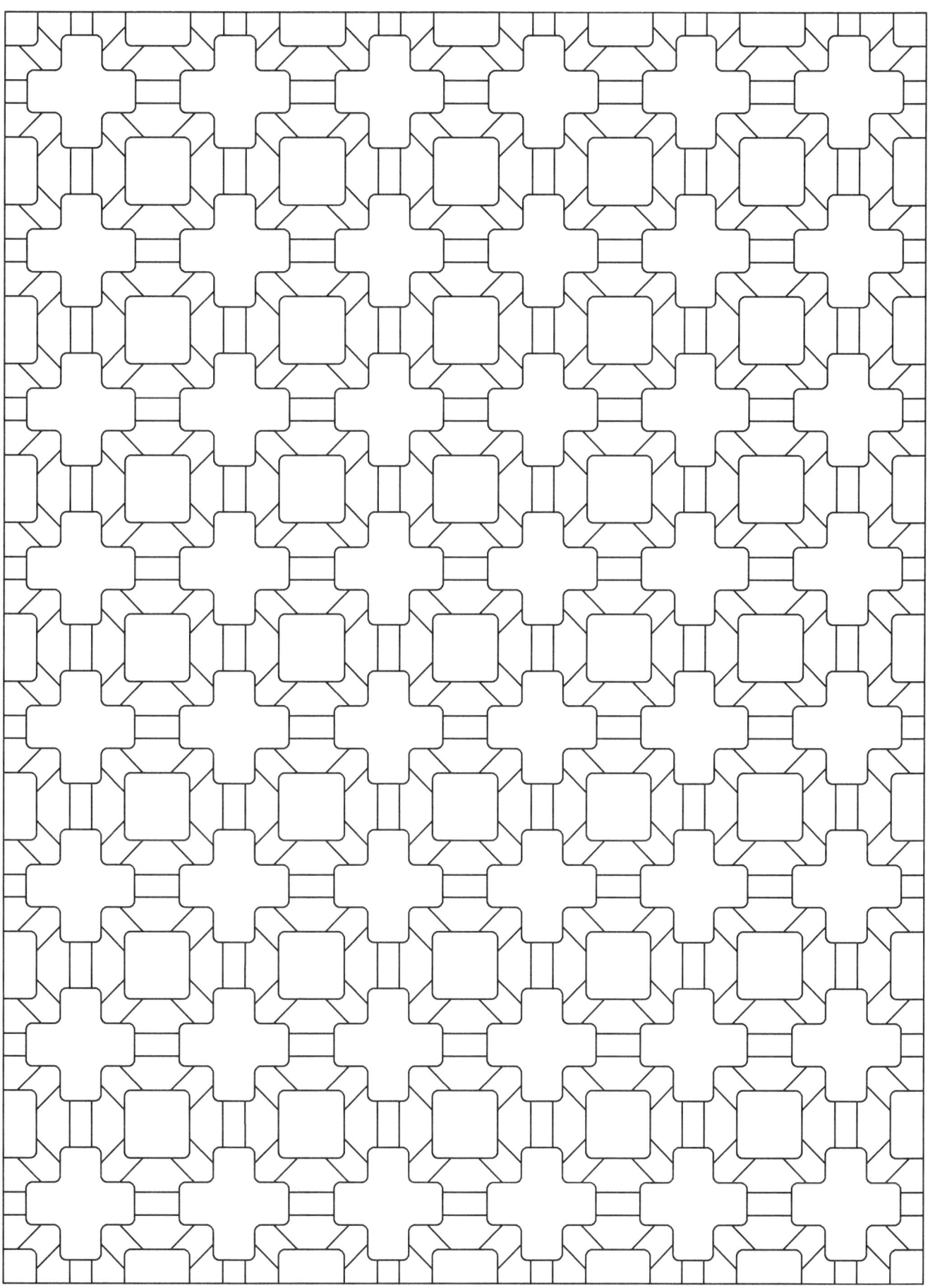

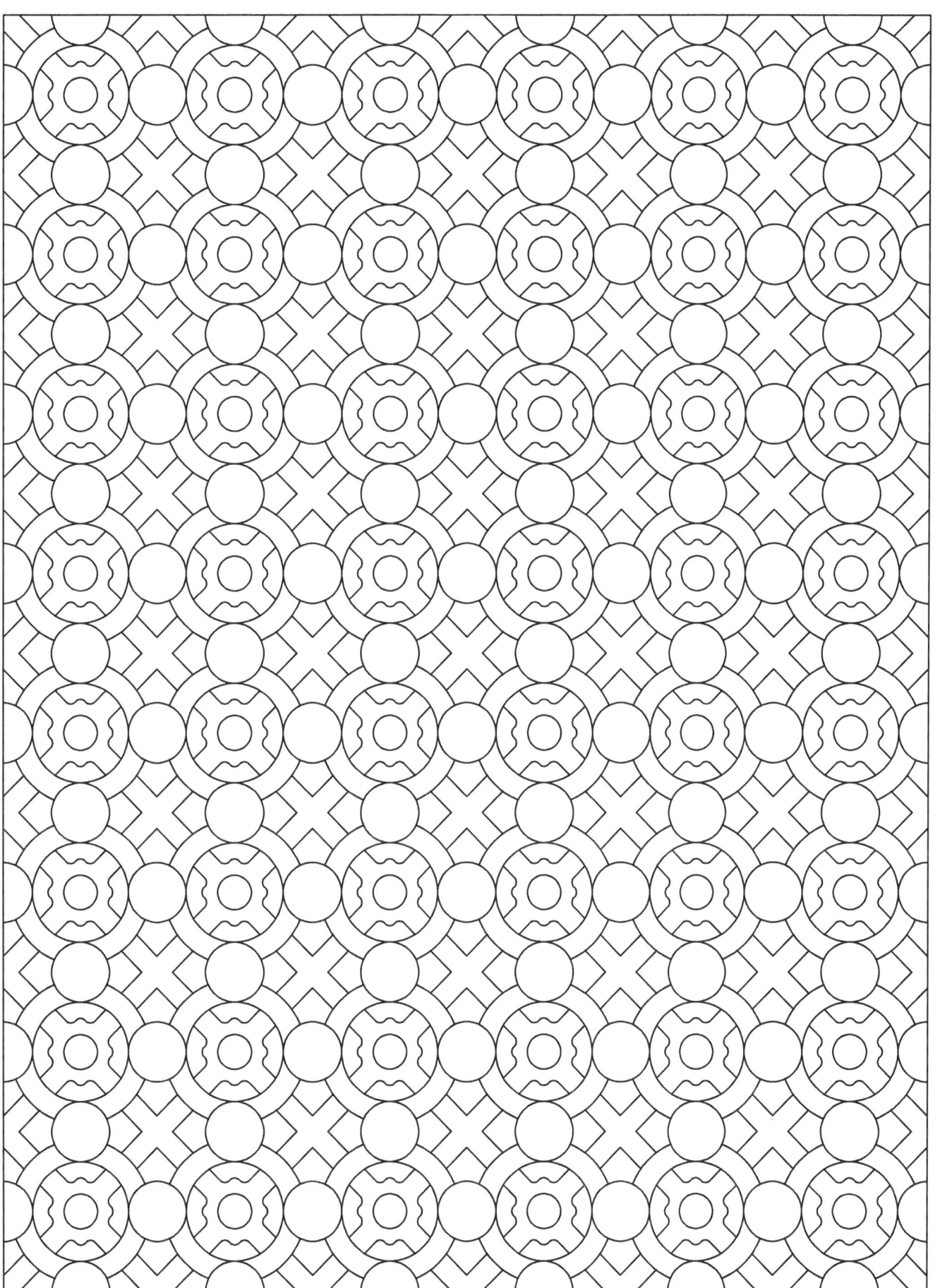

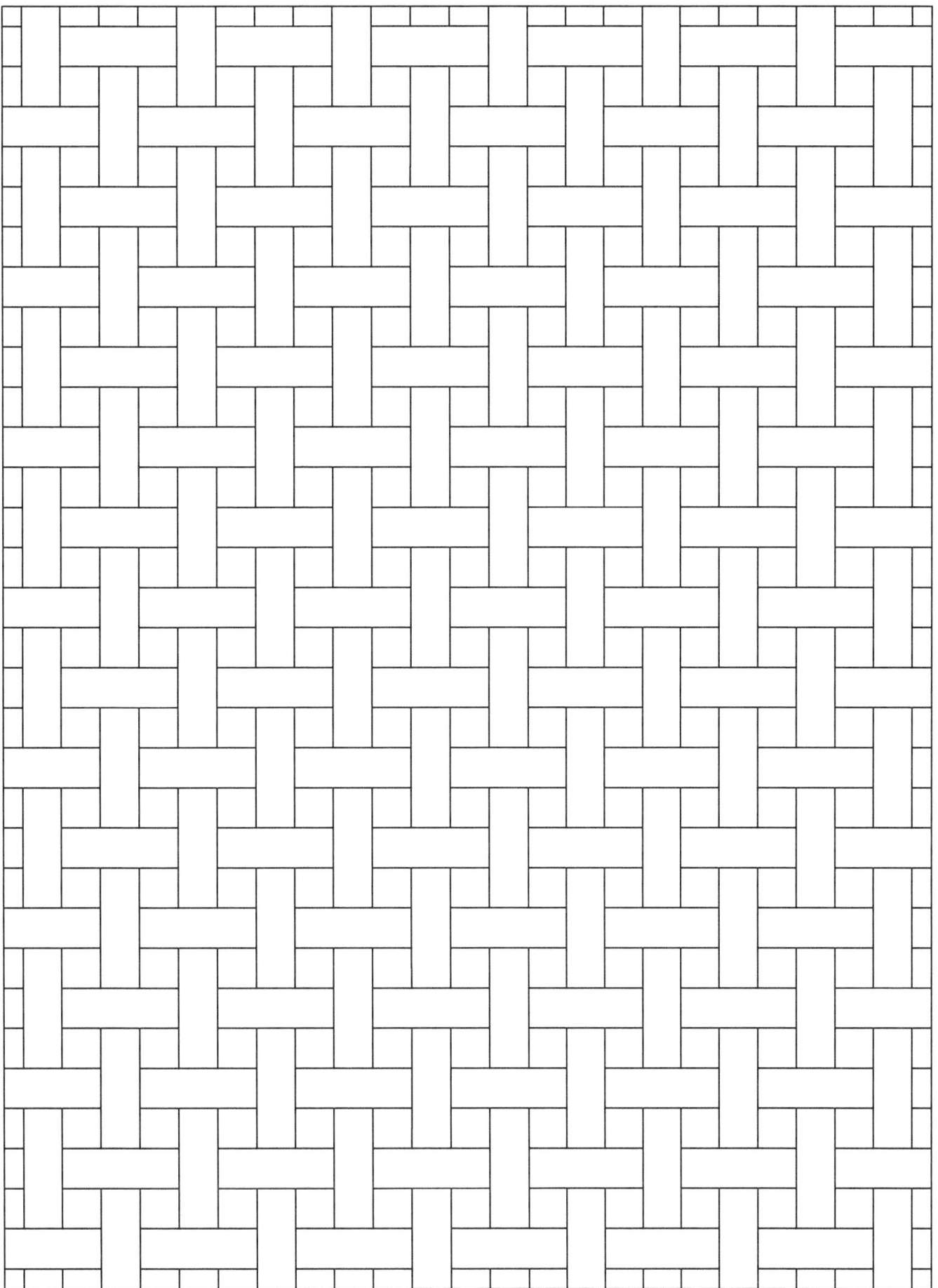

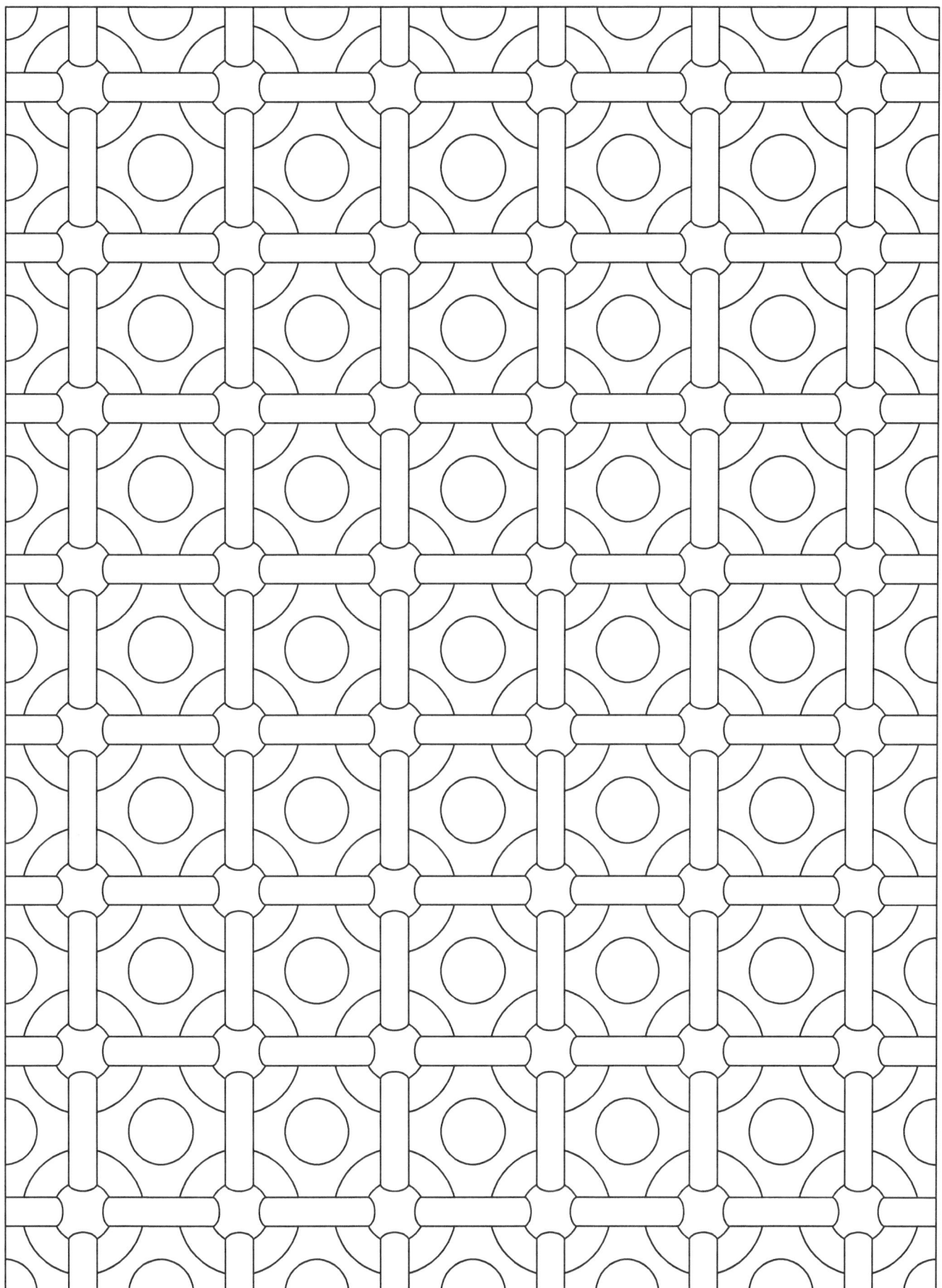

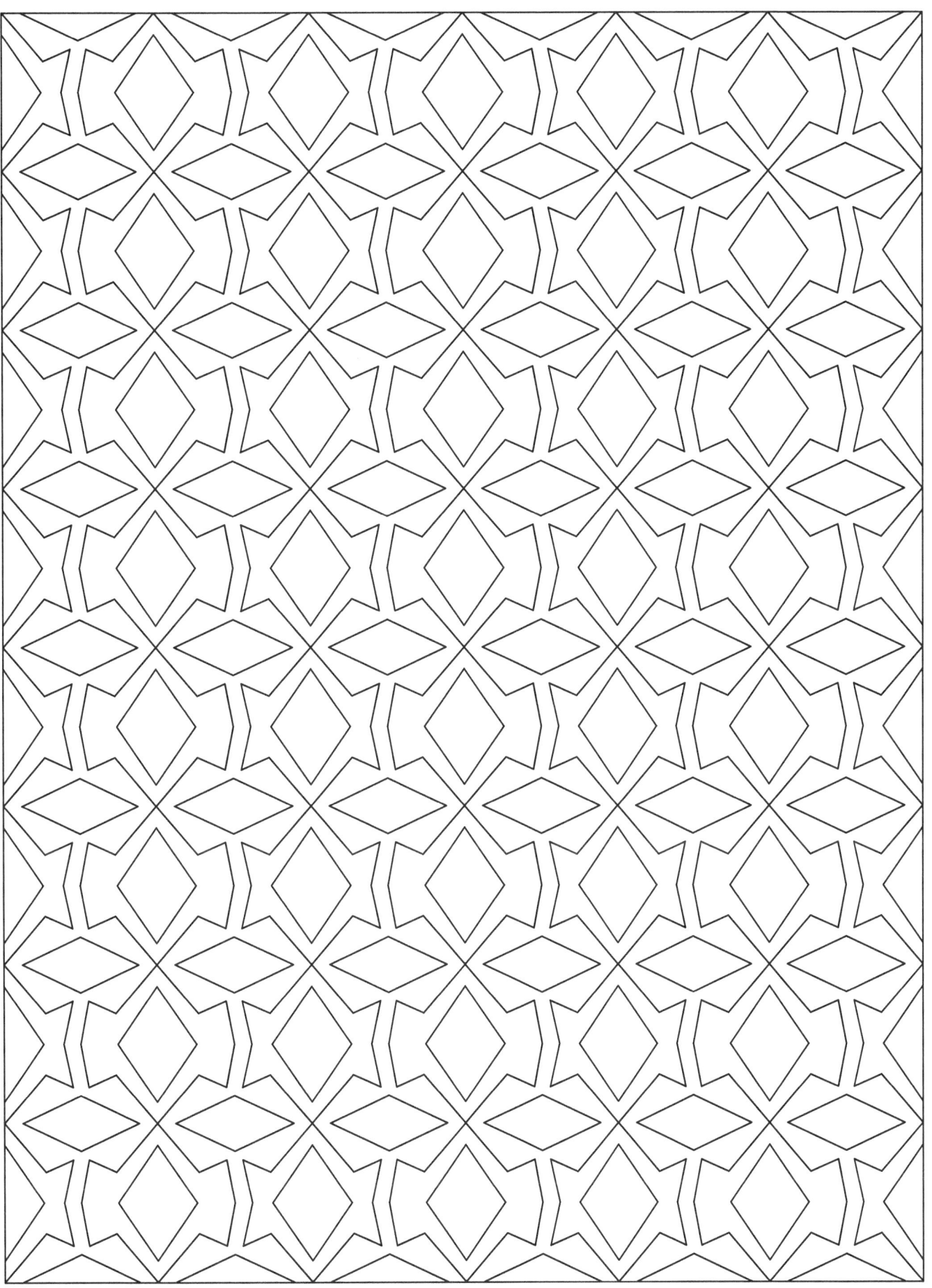

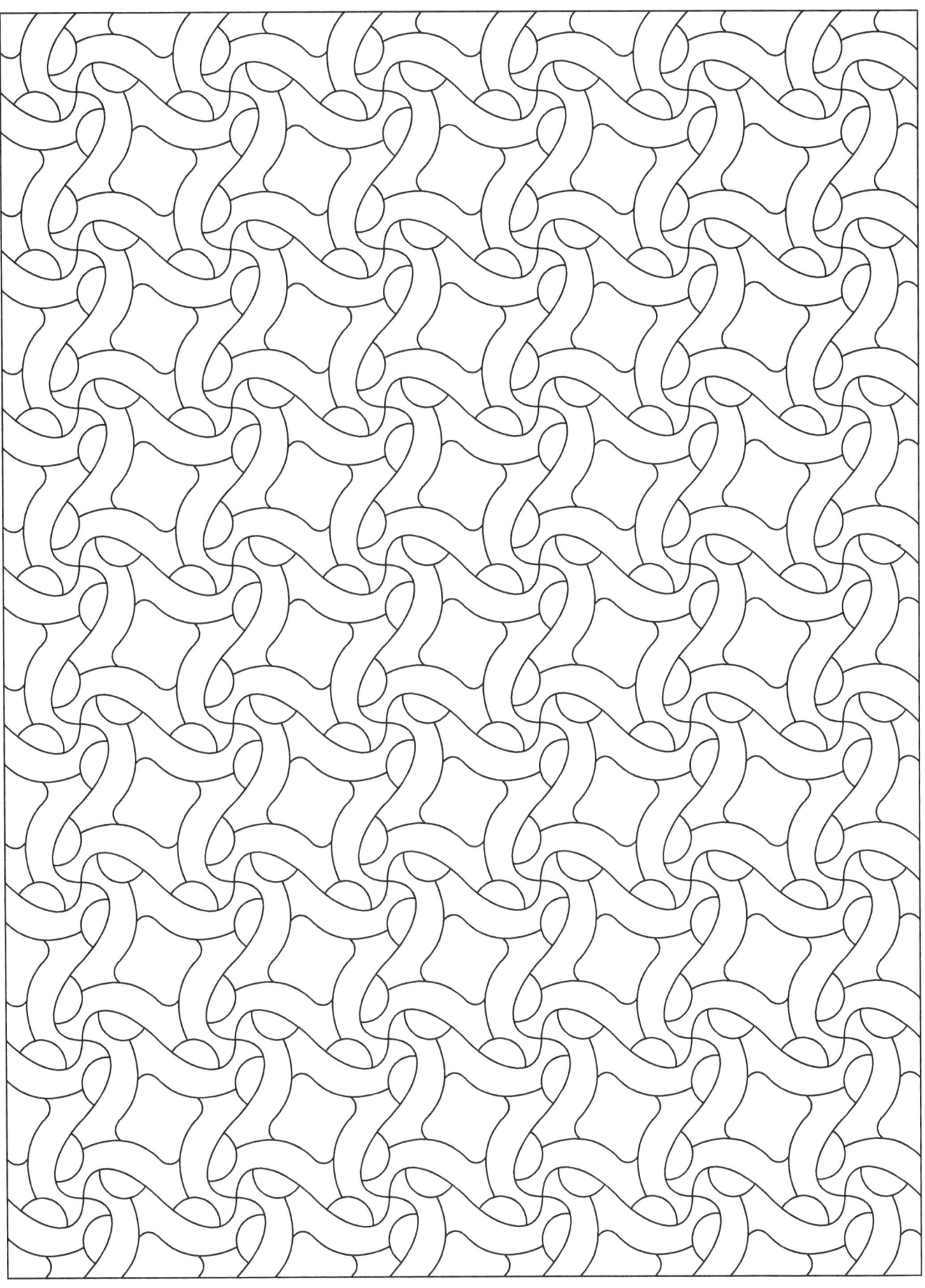

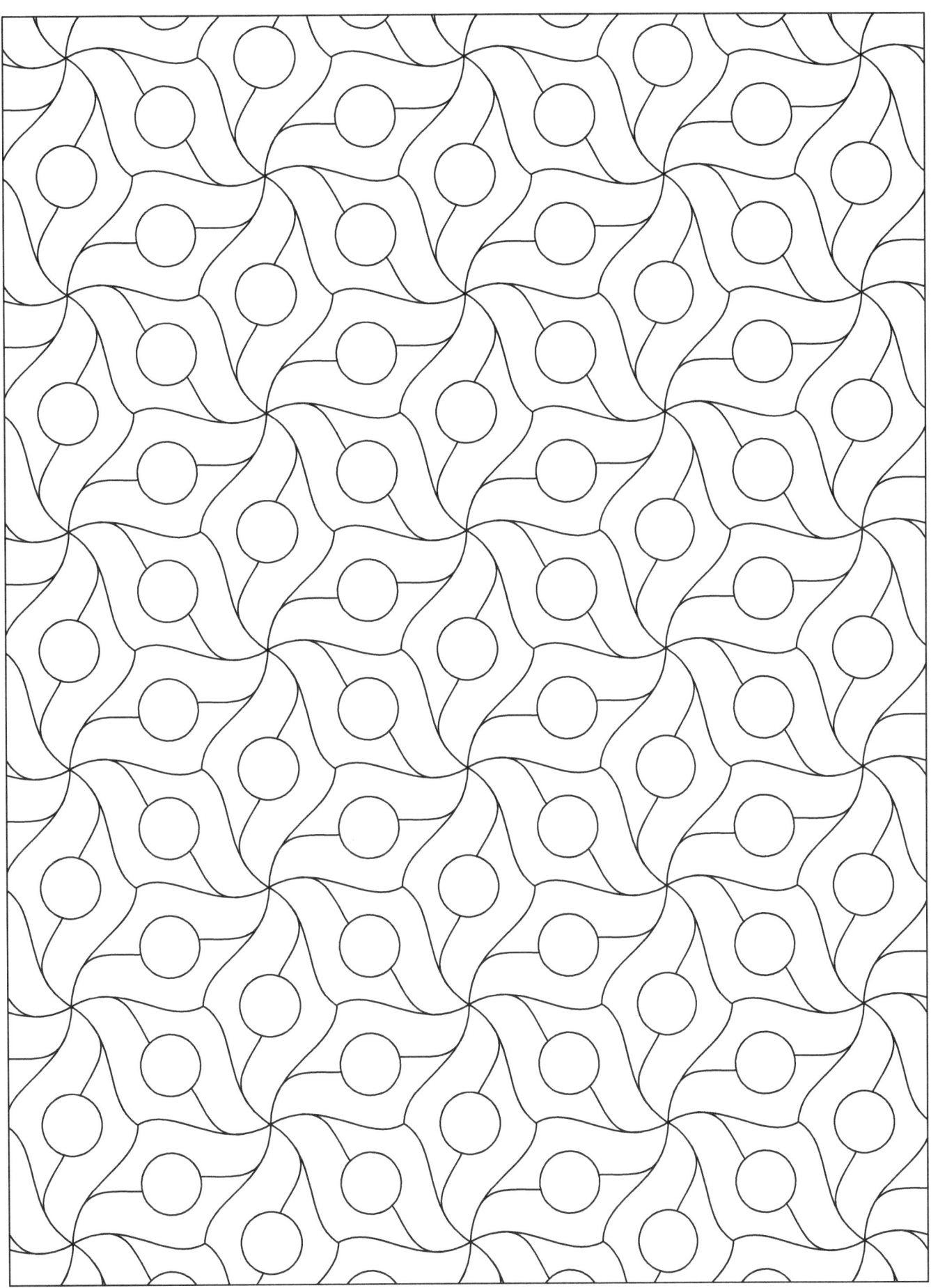

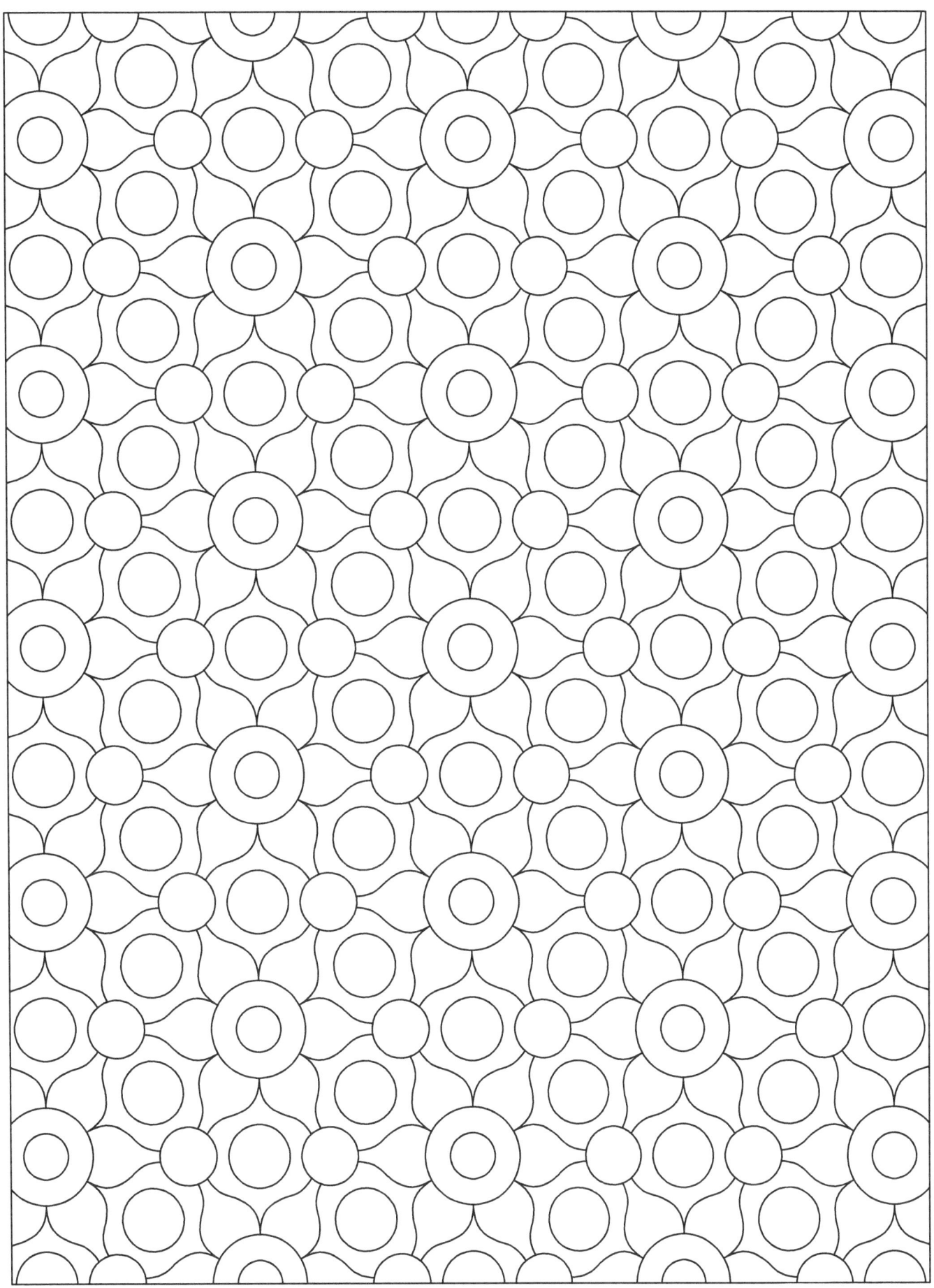

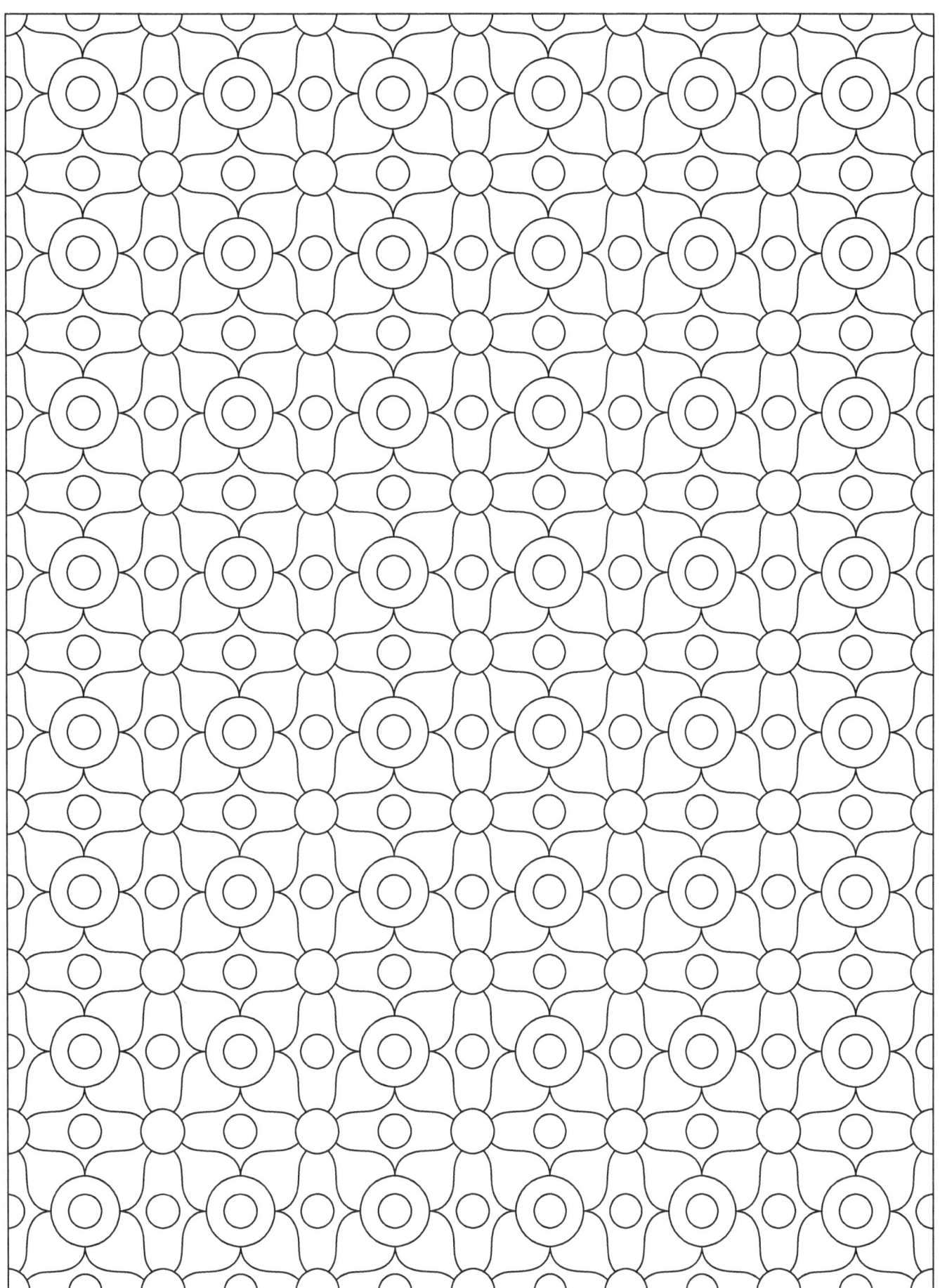

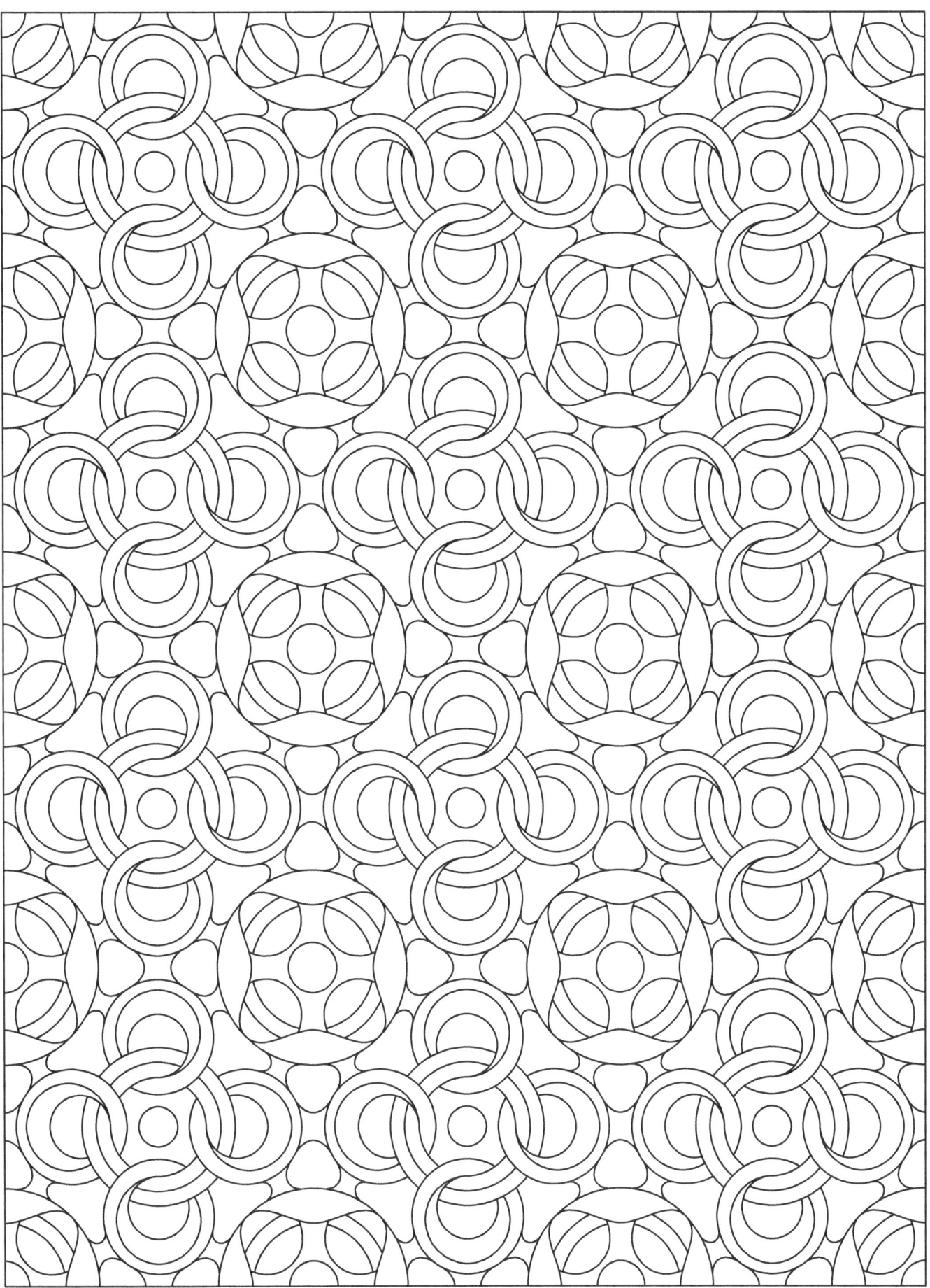

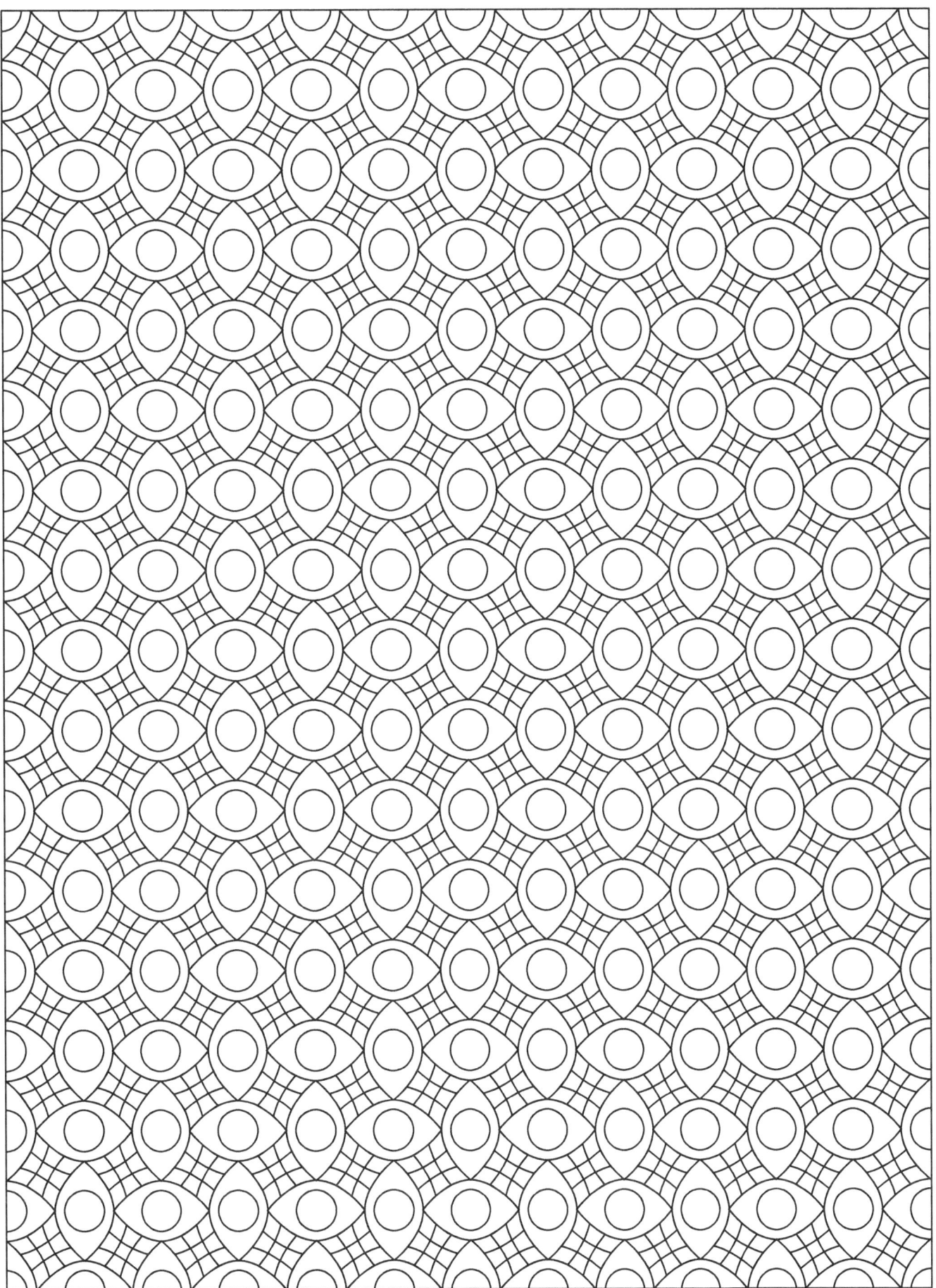

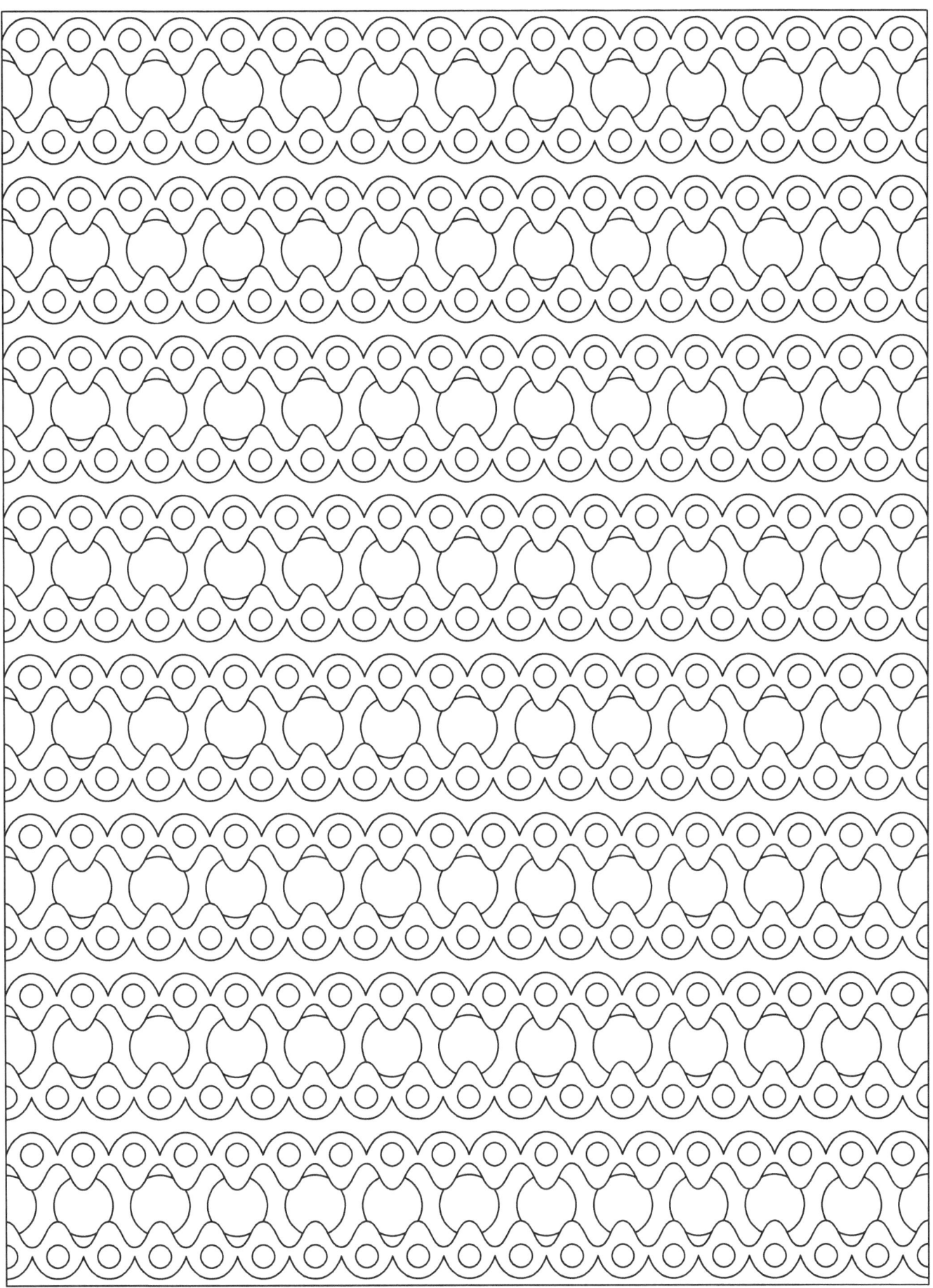

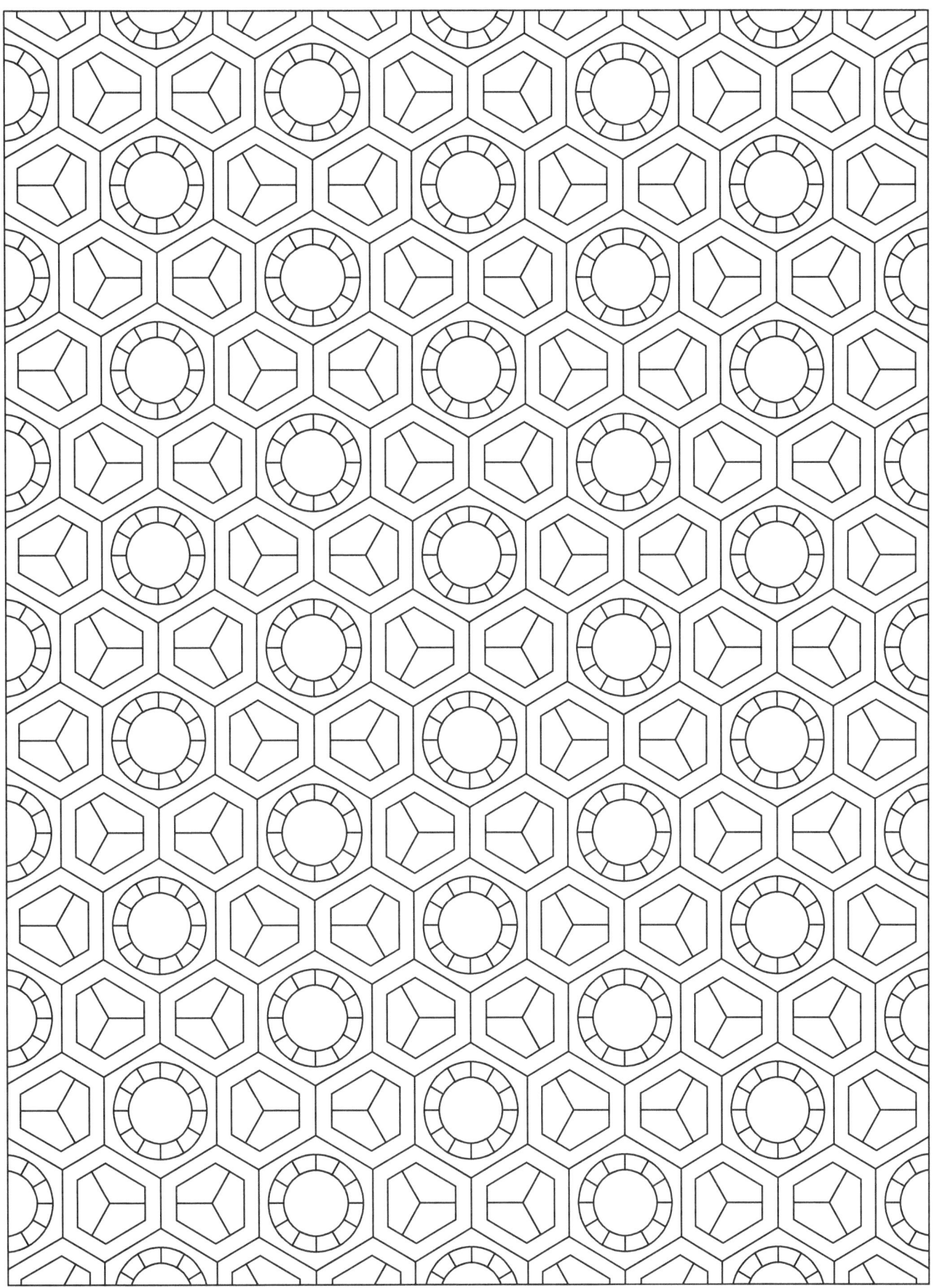

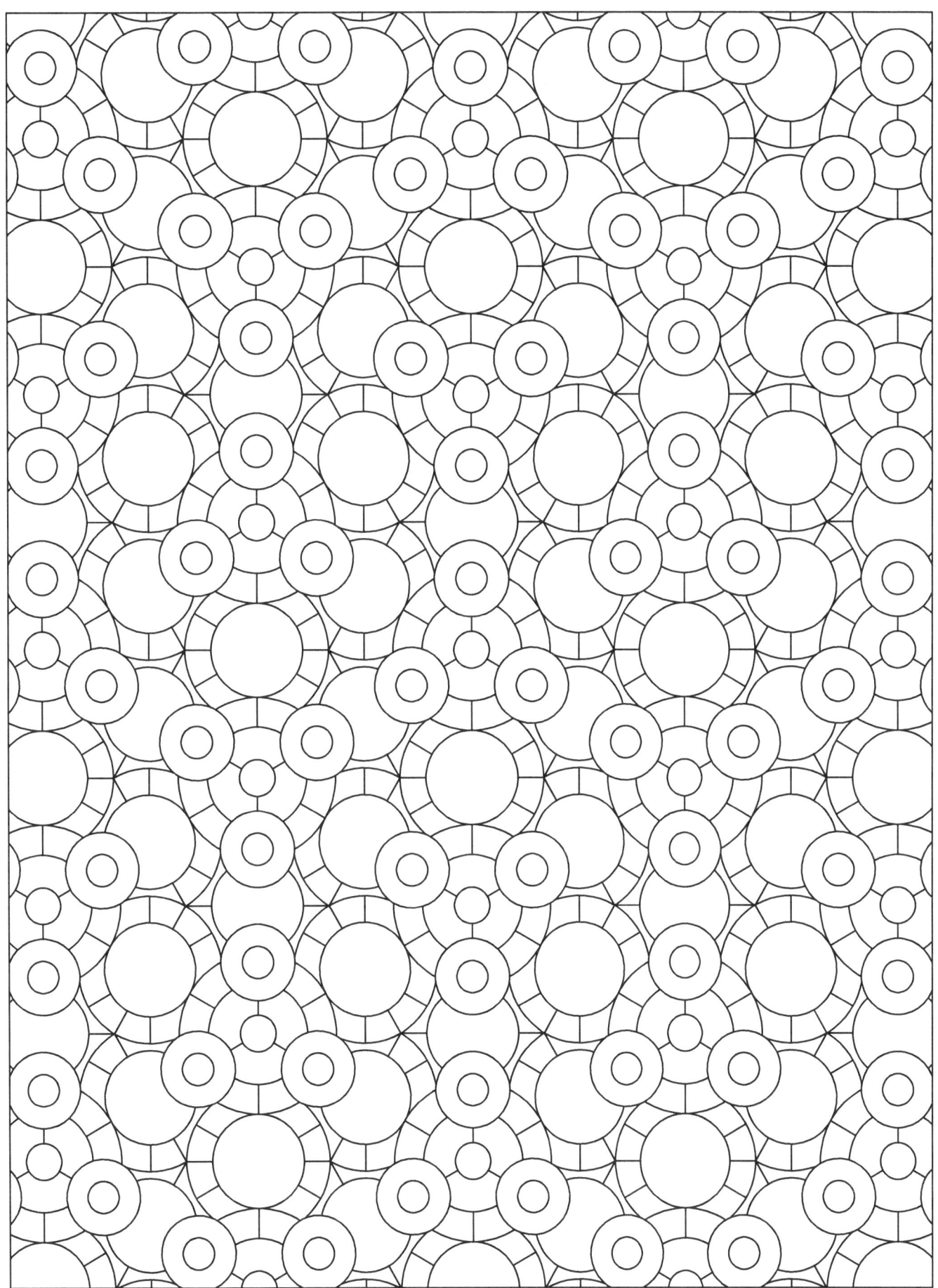

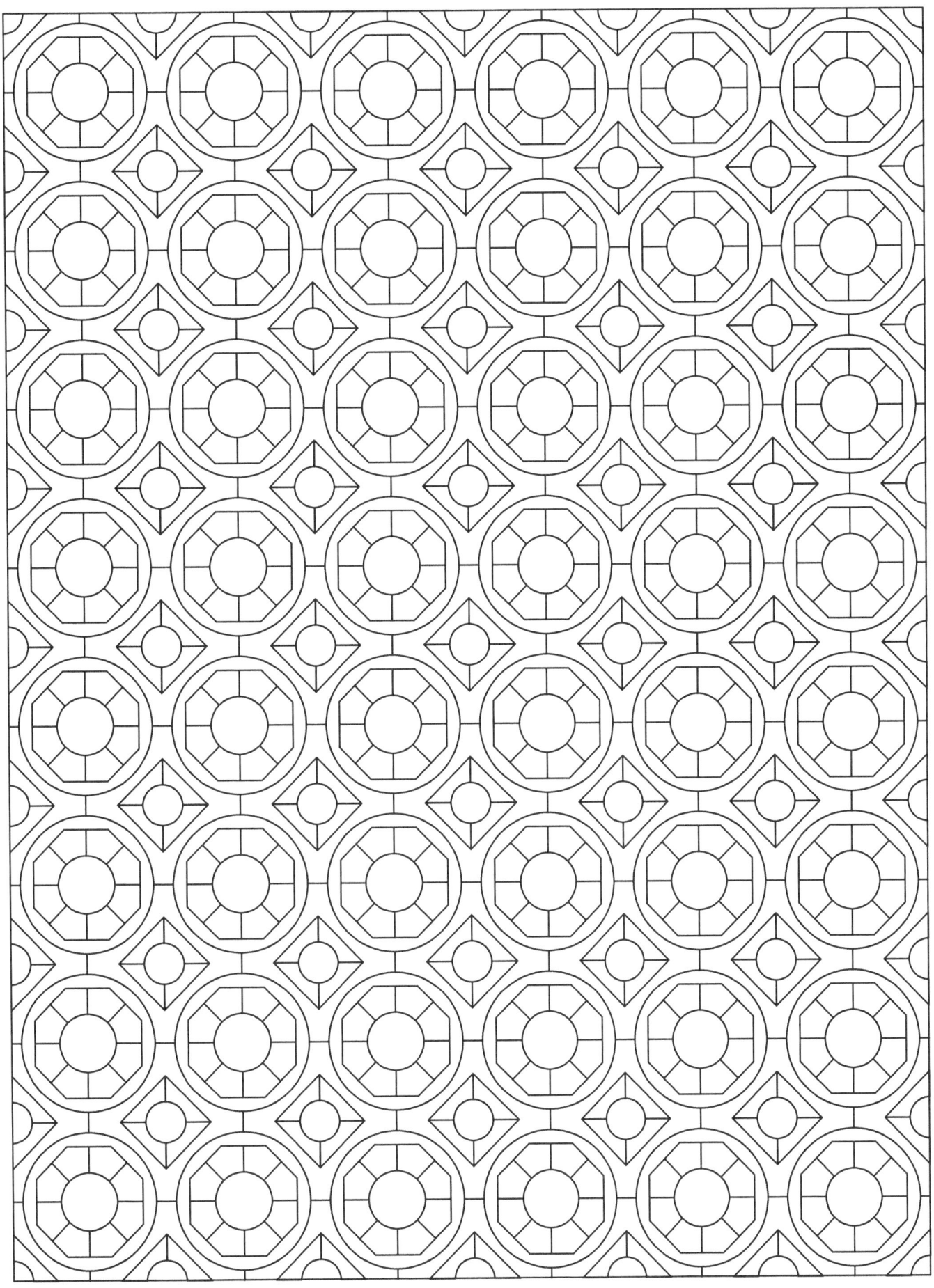

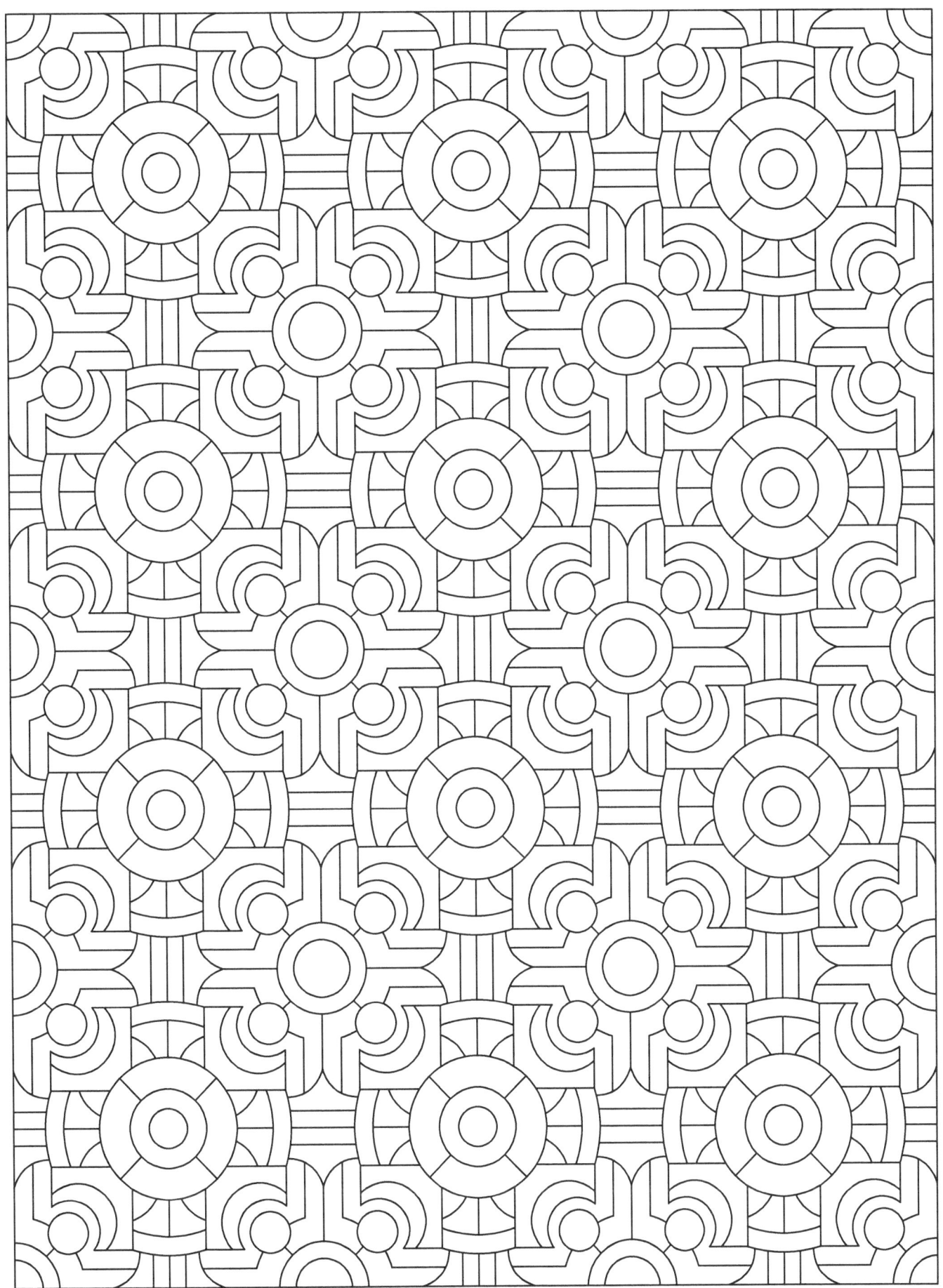

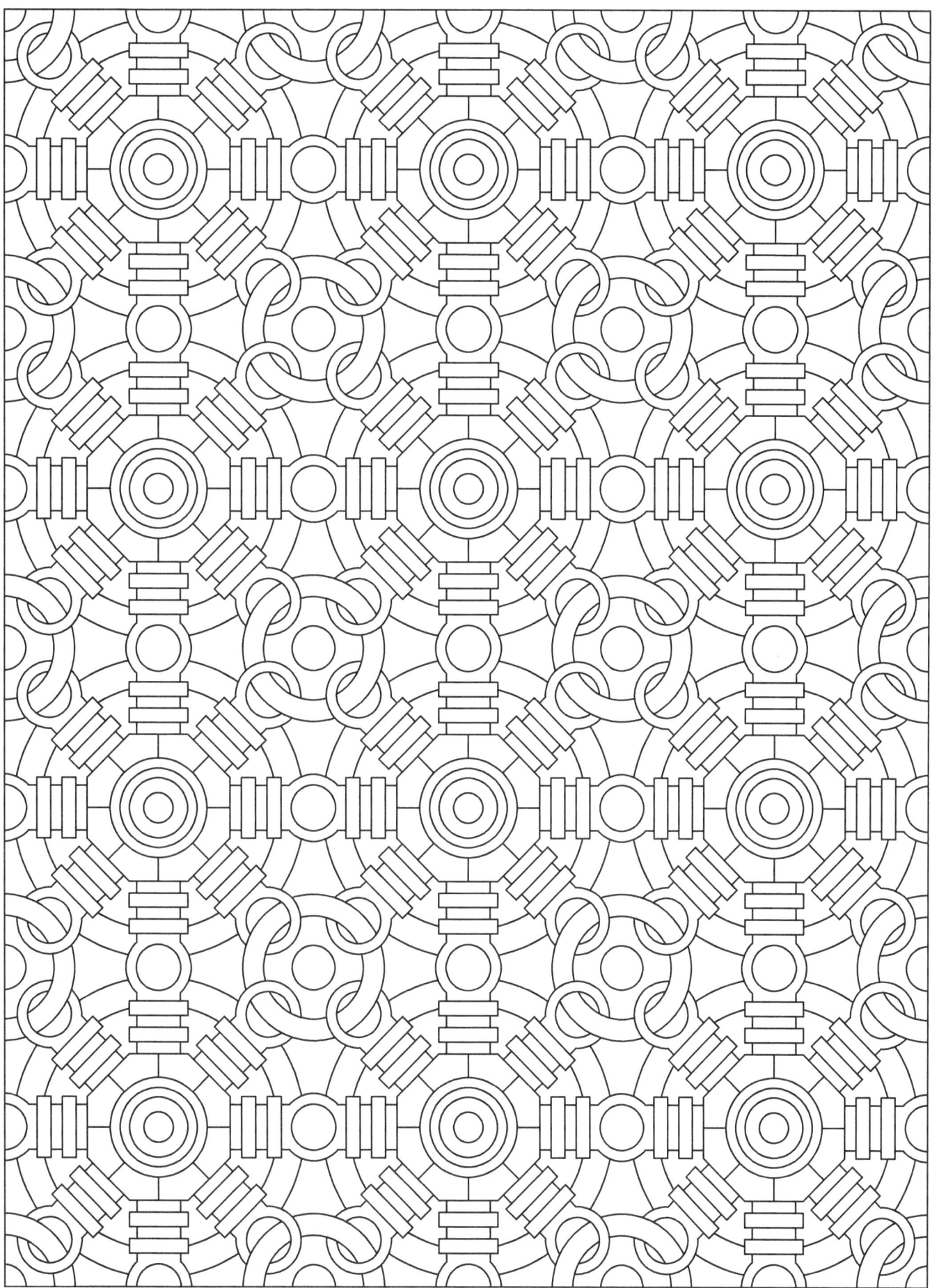

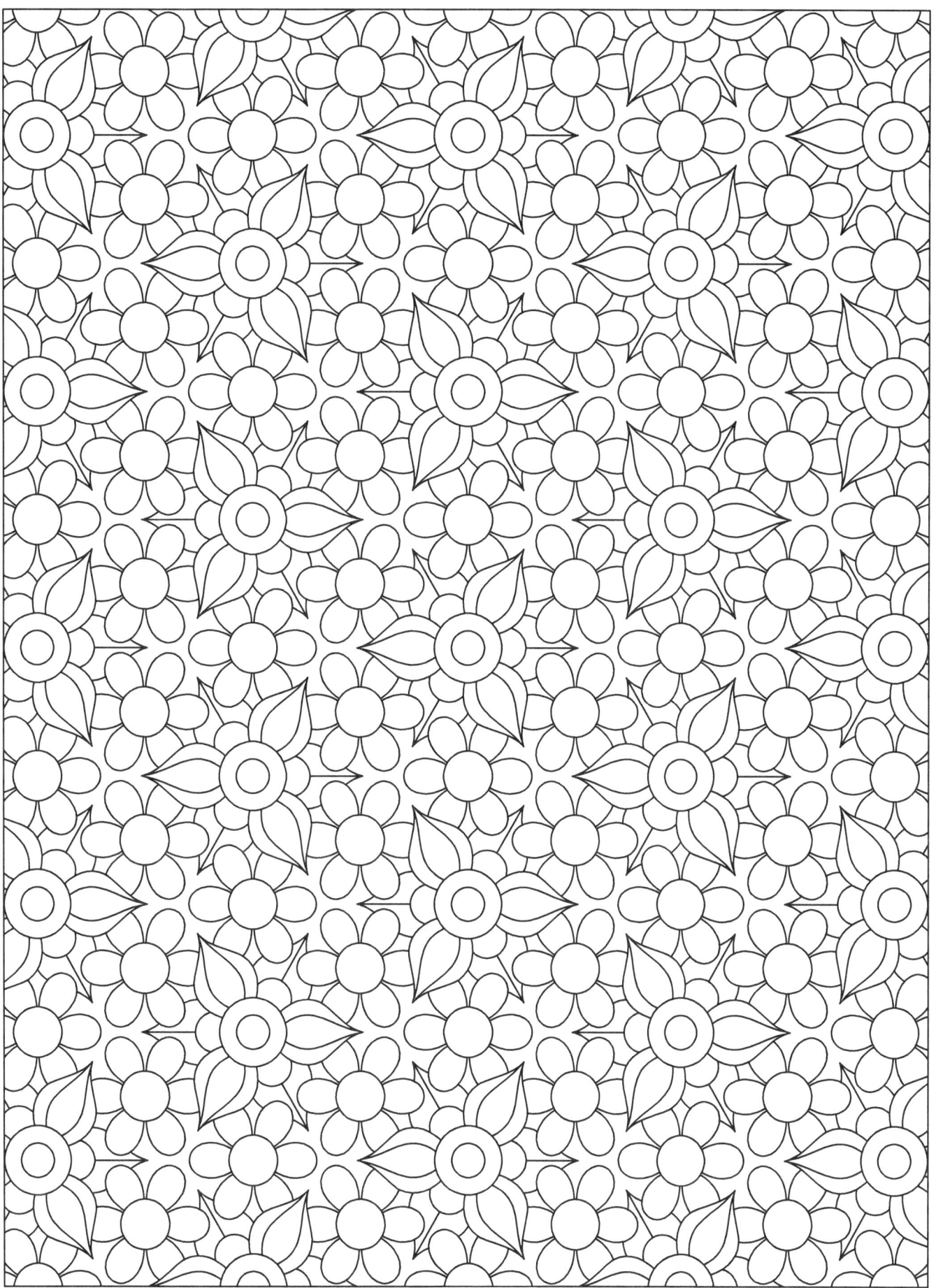

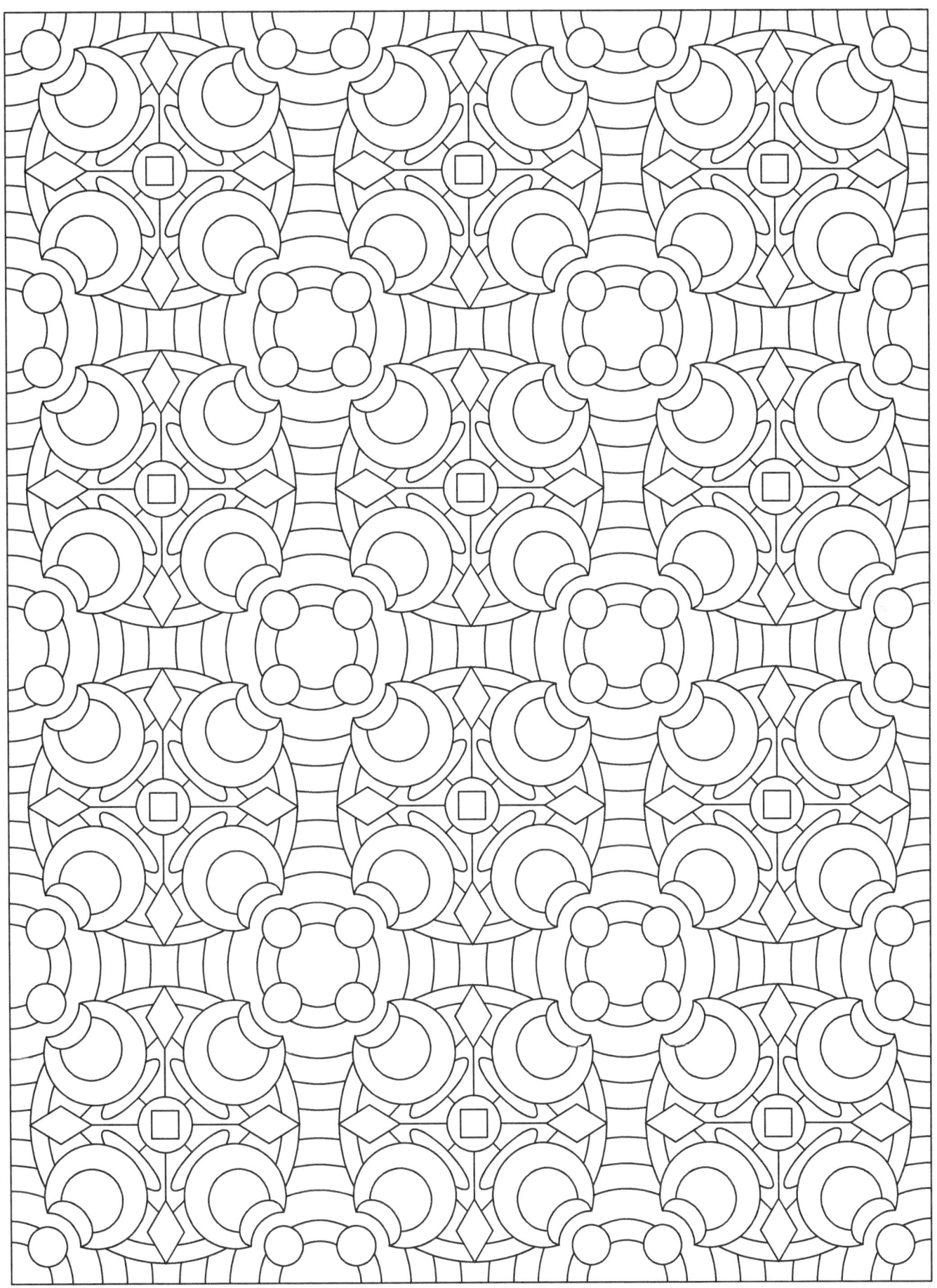

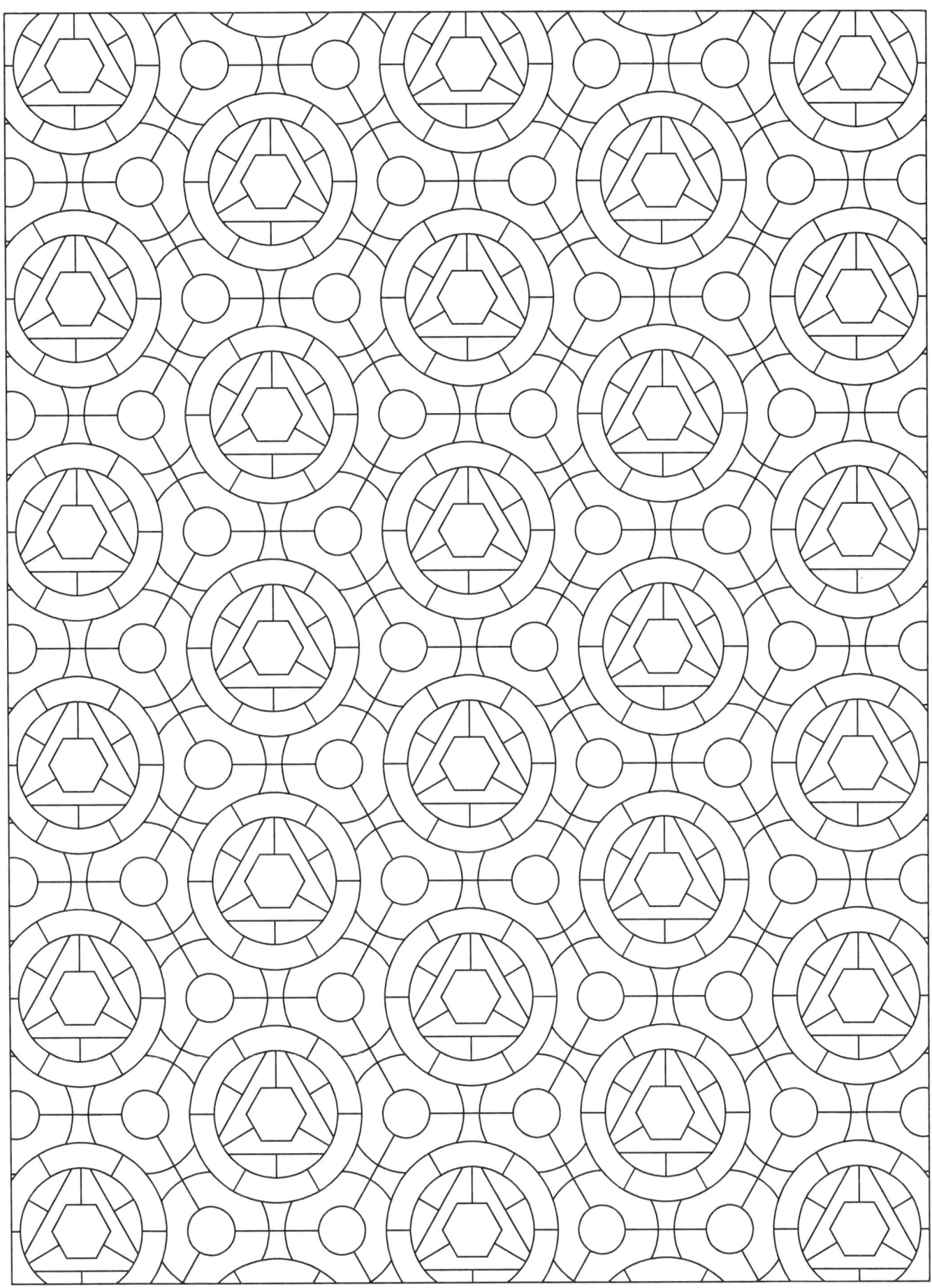

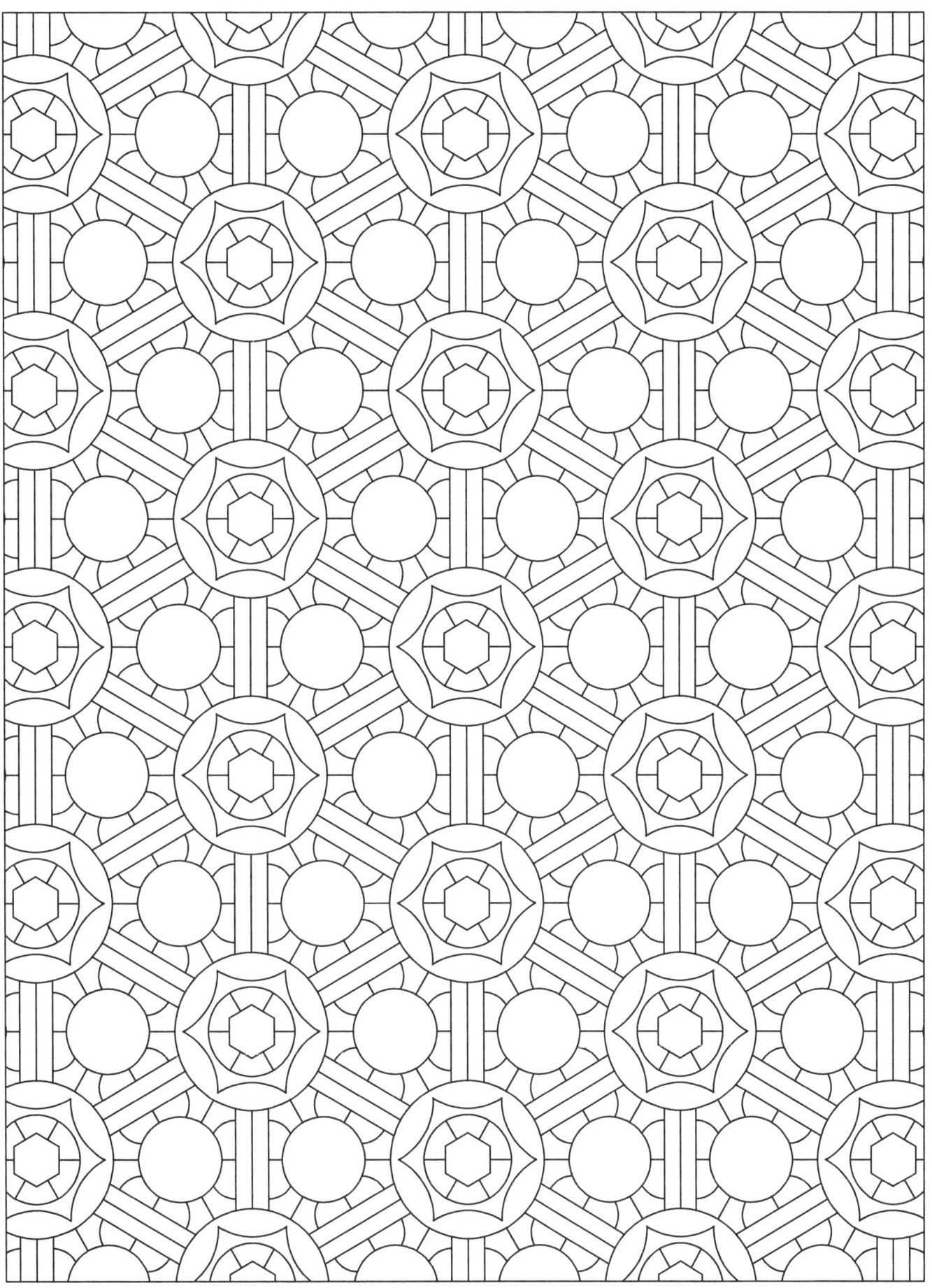

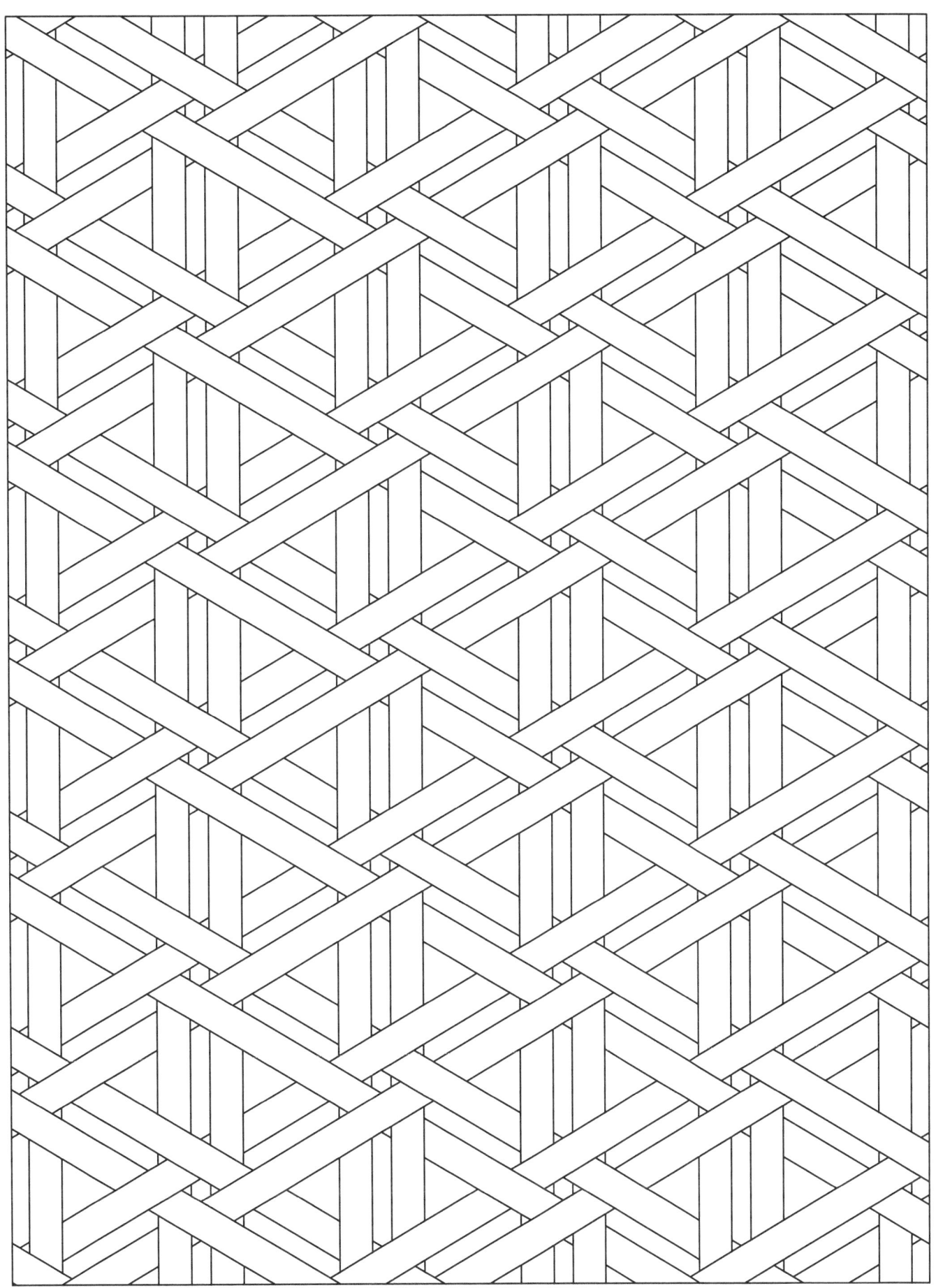

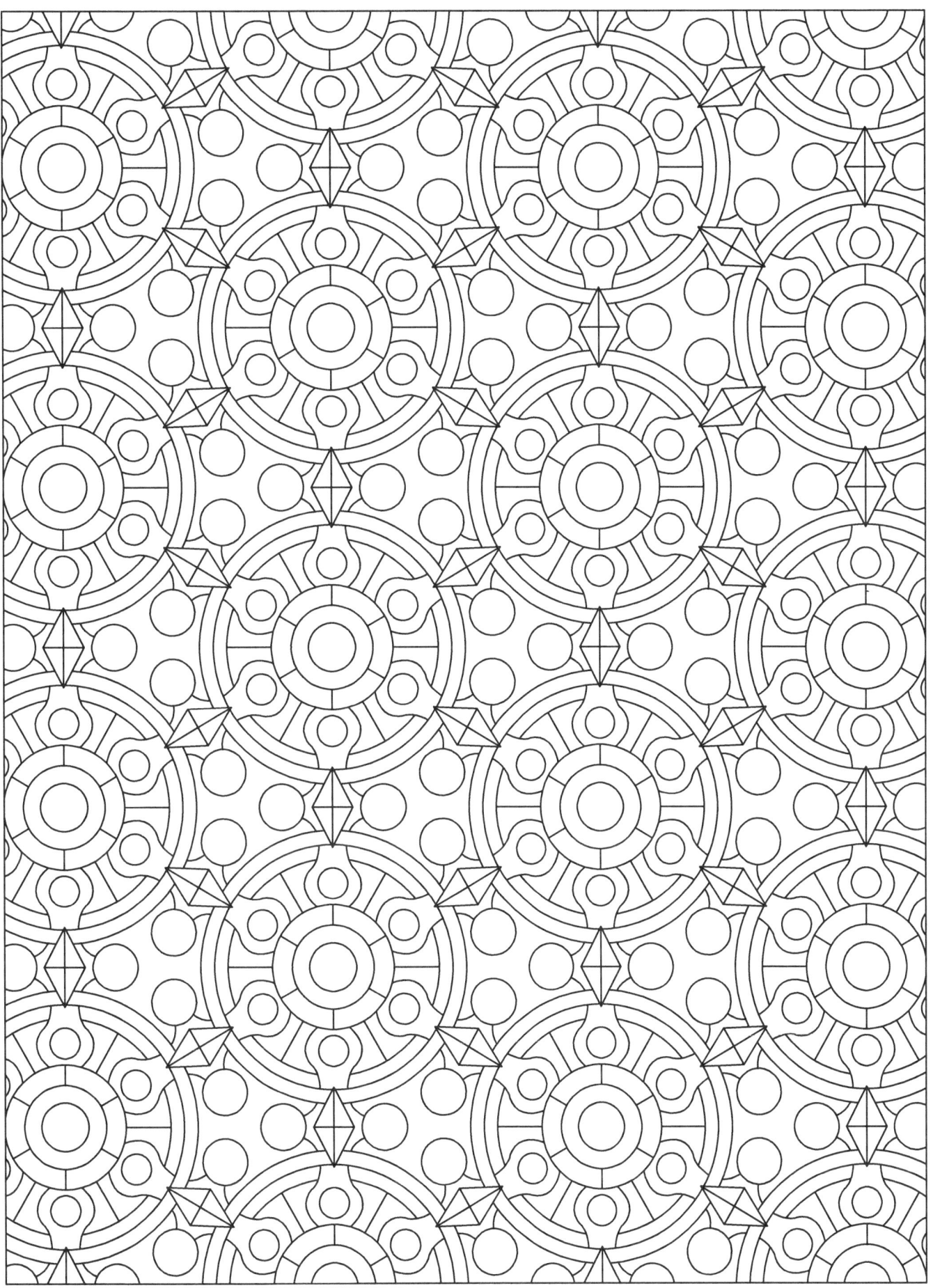

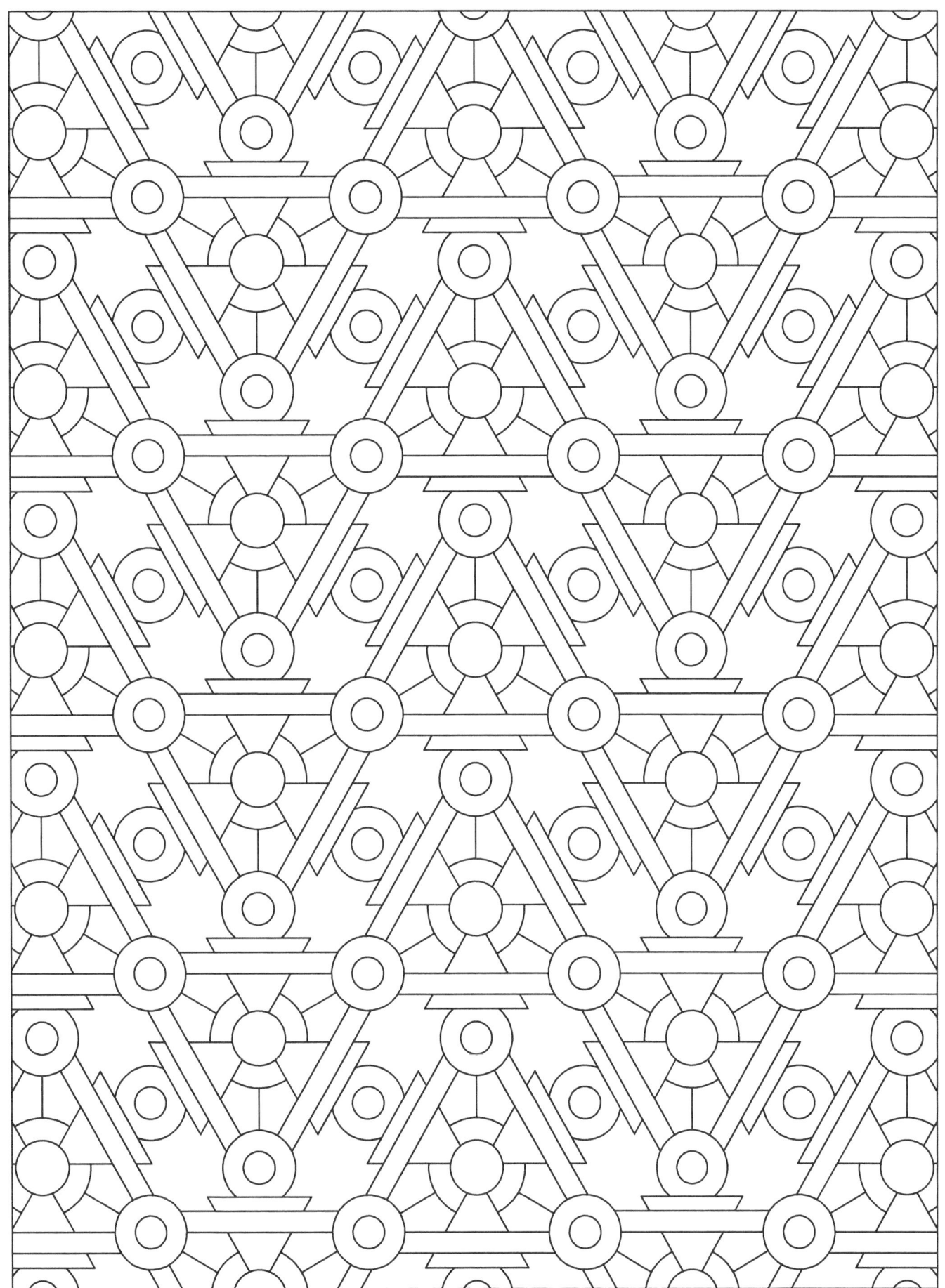

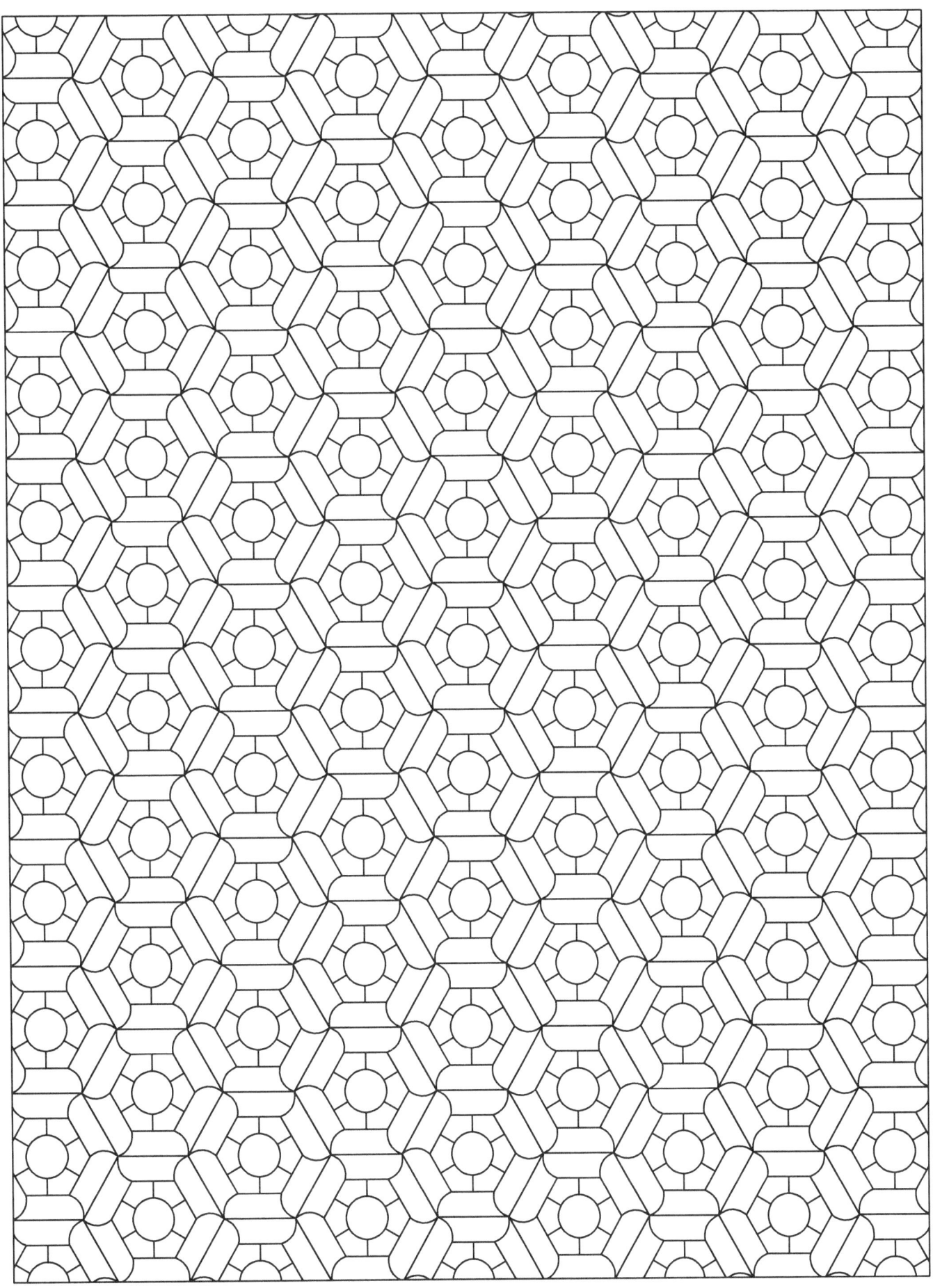

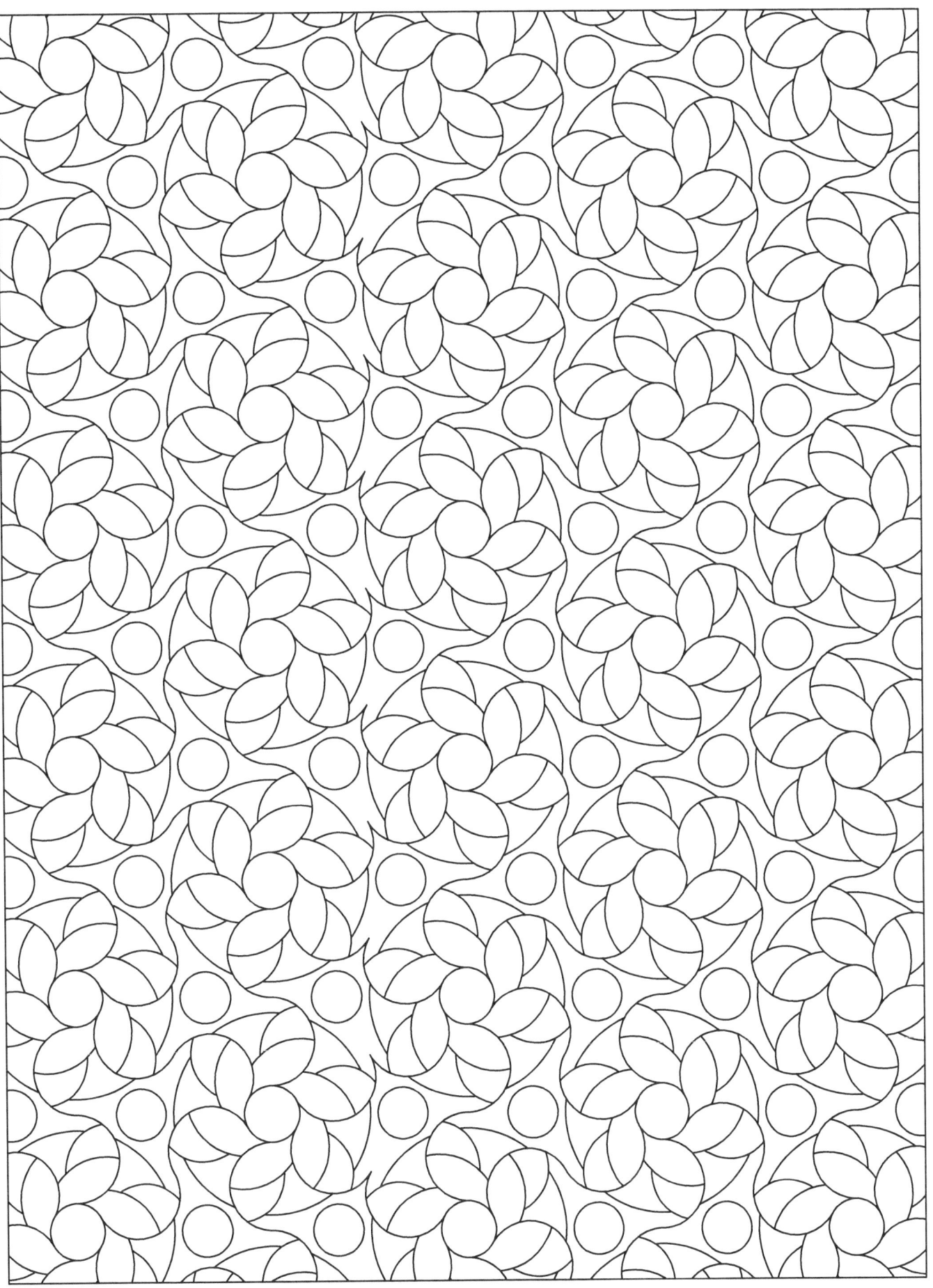

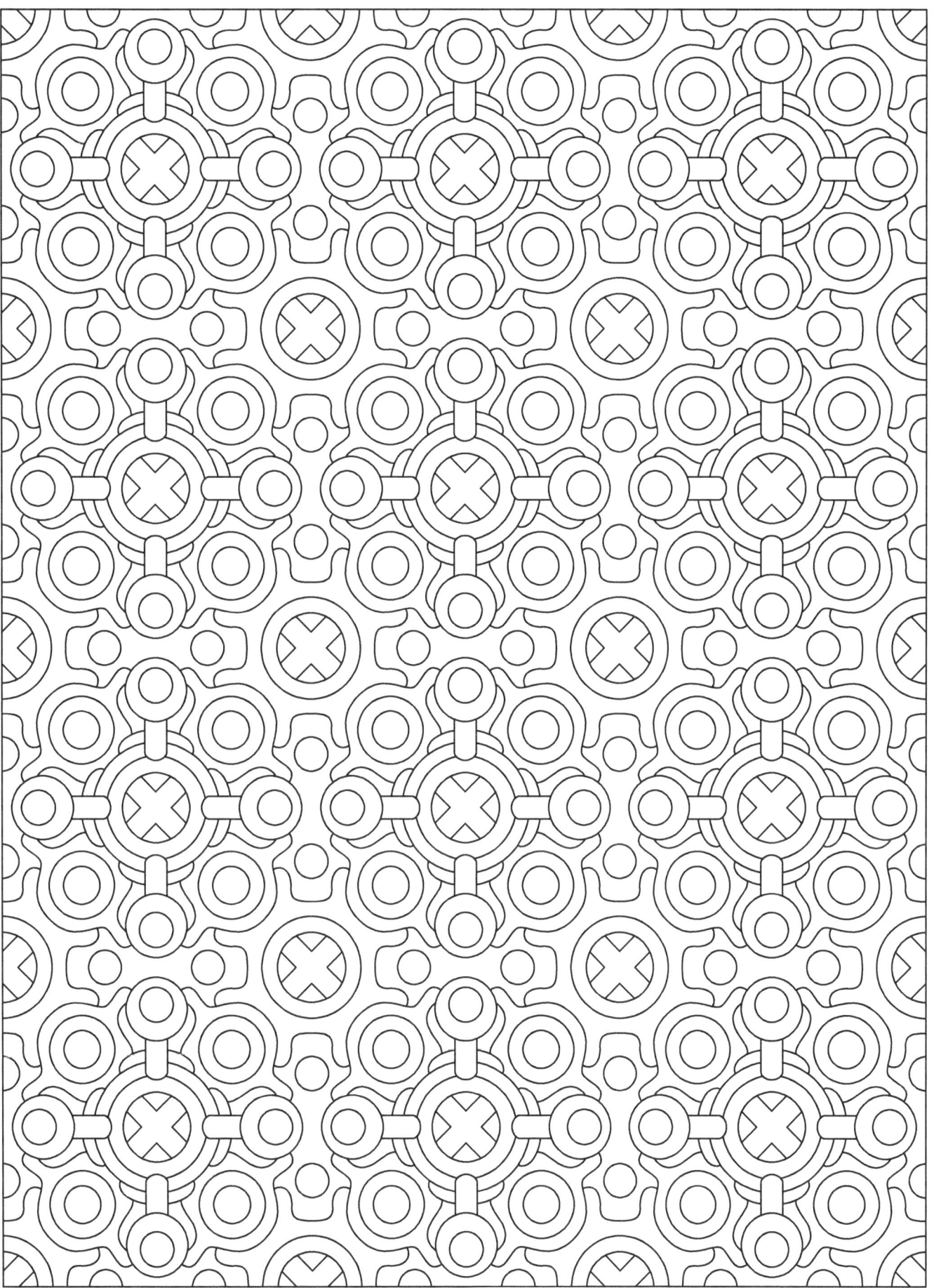